김선미 · 허진 공저

매일 프랑스어 입문

Initiation à la langue française

신아사

머리말

어떤 외국어를 배우고자 할 때에 그 언어에 대한 기본 문법의 지식 없이는 아무리 짧고 간단한 대화문이라도 바로 이루어지기가 결코 쉽지 않습니다. 간단하고 짧은 문장이라도 문법적으로 어느 정도 이해하는 것이 외국어를 깊이 있게 알 수 있고, 이것이 밑거름이 되어야만 청취, 독해, 작문을 자유자재로 사용할 수 있으리라 생각합니다.

다양한 외국어 중 프랑스어는 5개 대륙 40여 나라에 걸쳐 광범위하게 통용되는 언어로서, 여전히 유엔이나 유네스코, 올림픽 대회 등 국제무대에서 공식적인 국제·외교언어의 위상을 지키고 있으며, 또한 문화와 예술, 교양, 사교어로서 활용가치도 높습니다.

이 책은 프랑스어로 의사소통을 하고자 프랑스어를 처음 시작하는 초보자들에게 기초를 탄탄히 다질 수 있도록, 꼭 알아두어야 할 프랑스어 기본 문법들을 중심으로 체계적이고 효율적으로 꾸며놓았습니다. 이 책은 전체가 15개의 과로 이루어졌으며, 각 과는 짧은 문장(혹은 짧은 대화)으로 꾸민 본문과 어휘, 문법, 작문 그리고 연습문제로 구성되어 있습니다. 짧은 본문의 문장과 연계하여 필수 기초 문법 사항들을 설명하였고, 또한 이 문법 사항과 유기적으로 연결하여 혼자서도 짧은 작문을 익힐 수 있도록 작문 코너를 마련하였습니다. 그리고 각 과가 끝날 때마다 배운 문법을 반복을 통해 완전히 익혀 자신의 것으로 소화할 수 있도록 연습문제를 제시하였습니다. 특히 연습문제는 단순히 앞에서 익힌 문법을 정리하는 차원이 아니라, 실생활에 곧바로 활용될 수 있는 구문들로 꾸며 놓았습니다.

프랑스의 작가 알퐁스 도데가 『마지막 수업』에서 "프랑스어는 가장 아름답고 명료하고 가장 확고한 언어이다"라고 말했듯이, 이 책을 통해서 프랑스어를 처음 접하는 학습자들이 프랑스어가 얼마나 매력적이면서도 쉽고 체계적인 언어라는 것을 알아차릴 수 있기를 바라면서, 이 책이 학습자들에게 더 쉽고 재미있게 프랑스어에 입문할 수 있는 길잡이 역할이 되기를 바랍니다.

아무쪼록 이 책이 프랑스어를 배우려는 학습자들의 목표를 위해 조금이나마 도움이 되기를 바라며, 기꺼이 출판을 맡아주신 신아사의 정현걸 사장님께 깊이 감사드립니다.

김선미·허진

Table des matières

매일 프랑스어 입문

Initiation à la langue française

Leçon 1

Alphabet et prononciation

※ Alphabet français

프랑스어 문자는 영어와 동일한 알파벳을 사용하지만, 아래와 같이 모음 글자 위에는 간혹 부호가 붙어서 사용되기도 한다.

A a (à, â)
B b
C c
D d
E e (é, è, ê, ë)
F f
G g
H h
I i (î, ï)
J j
K k
L l
M m
N n
O o (ô)
P p
Q q
R r
S s
T t
U u (ù, û, ü)
V v
W w
X x
Y y
Z z

❋ Vocabulaire

leçon [르쏭] *n.f.* 강의, 교재의 과 (課)

un [앵] 하나, (서수적 용법) 제1의

Leçon 1 [르쏭 앵] 제1과

☞ 기수가 서수적 용법으로 쓰일 경우 : 여성명사 뒤에서도 un 사용

alphabet [알파베] *n.m.* 알파벳, 자모

prononciation [프로농씨아씨옹] *n.f.* 발음

liaison [리애종] *n.f.* 연음

signe [씬녀] *n.m.* 기호

orthographique [오르또그라픽] 철자법의

apostrophe [아뽀쓰트롶] *n.f.* 모음생략부호

❋ Pronociation

1. 자음자 읽기

[b] **b**as

[d] **d**ur

[f] **f**ort, **ph**ilosophie

[g] **g**ant, ba**gu**ette

[ʒ] **j**eune, **G**inette

[k] **k**ilo, **c**orps, cin**q**, **qu**estion

[l] **l**e

[m] **m**e

[n] **n**e

[p] **p**a**p**a

[r] **r**ose

[s] **c**e, gar**ç**on

[t] **t**u

[v] **v**ous

[z] **z**éro, di**x**ième, ro**s**e

[ʃ] **ch**at, **sch**éma

[ɲ] champa**gn**e

★ c와 g는 뒤에 오는 모음글자에 따라 발음이 달라지므로 주의한다.

2. 모음자 읽기

[a]	pa**tt**e		
[ɑ]	p**â**t	[ə]	pr**e**mier
[e]	**été**	[ø]	bl**eu**
[ɛ]	**ê**tre, p**è**re, m**ai**s, n**ei**ge, v**e**rt	[œ]	h**eu**re
[i]	s**i,** p**y**jama		
[ɔ]	**or**	[wa]	t**oi**, tr**oi**s
[o]	zér**o, au,** b**eau**	[wi]	**oui**
[u]	j**ou**r, bonj**ou**r	[ɥi]	l**ui**, n**ui**t, pl**ui**e
[y]	t**u**, men**u**, **u**ne, l**u**ne	[j]	p**i**ano

★ [ə] / [ɛ] / [e]

[ə] : c**e**, d**e**, j**e**, l**e**, n**e**, ach**e**ter, qu**e**

[ɛ] : c**e**tte, Od**e**tte, G**e**rmaine, Col**e**tte, Gin**e**tte, ach**è**te, qu**e**lle

[e] : c**e**s, d**e**s, g**é**n**é**ral, l**e**s, m**e**s, achet**é**, achet**er**, **e**t

3. 비음자 읽기

[ɑ̃] **en**f**an**t, mam**an**, l**am**pe, ex**em**ple

[ɛ̃] v**in**, **im**possible, s**ym**bole, s**yn**taxe

[ɔ̃] n**om**bre, b**on**

[œ̃] parf**um**, br**un**

★ **m이나 n의 전후에 어떤 글자가 있는가에 따라서 발음이 달라진다.**

① m / n + 자음글자 → m / n 비음화 : **im**possible, **en**f**an**t

② m / n + 모음글자 → [m], [n] 으로 발음 : Lancô**me**, pia**no**

③ mm, nn → [m], [n] 으로 발음 : E**mm**anuelle, bo**nn**e

★ **비모음이 되는 경우와 그렇지 않은 경우를 비교해 보자.**

* b**on**, m**on**, c**om**prendre, c**om**bien, d**on**c, s**on**
* b**onn**e, M**oni**que, c**omm**encer, c**omm**e, d**onn**e, pers**onn**e

* enf**an**t, **en**t**en**dre, dem**an**de, l**am**pe, p**en**d**an**t, **An**toine, Christi**an**, Jean
* **ani**mal, **ann**é**e**, **ami**, **amo**ur, mad**ame**, **Ann**e, **Ana**tole, Christi**ane**, Jeanne

* Mart**in**, cous**in**, améric**ain**, v**in**, **im**possible, s**ym**bole, s**yn**taxe
* Mart**ine**, cous**ine**, améric**aine**, v**inai**gre, **inimi**table

* [œ̃] **un**, br**un**, parf**um**
* [yn] **une**, br**une**, parf**um**er

4. 〈il〉, 〈ill〉

1) 자음글자 + il (ill)

* [l] 발음되는 경우 : avr**il**, f**il**, v**ill**e, v**ill**age, m**ill**e
* [l] 발음되지 않는 경우 : f**ill**e, fus**il**, Cam**ill**e

2) **모음글자 + il (ill)**

아래 경우처럼 흔히 [l] 발음되지 않음

* ail, aill : **ail**, trav**ail**, trav**aill**er, t**aill**e ★ aile [ɛl] (발음됨)
* eil, eill : sol**eil**, or**eill**e, Mars**eill**e
* ouill : br**ouill**ard
* uill : j**uill**et

* euil, euill, oeil : s**euil**, f**euill**e, **oeil**
* cueil, cueill, gueil, gueill : ac**cueil, cueill**ir, or**gueil,** or**gueill**eux

5. 〈유음h〉 vs 〈무음h〉

프랑스어에서 철자 'h'는 유음h와 무음h로 구분되지만 둘 다 [h]를 발음하지는 않고, 다만 그 취급을 달리한다.

1) 유음h

le **h**éros (앞 모음자와 연음이나 축약을 하지 않는다)

★ 사전에서는 유음h 앞에 † 표시가 붙음

2) 무음h

l'**h**omme (〈h〉가 없는 것처럼 취급한다)

6. 연음 (liaison)

발음되지 않는 단어 끝의 자음글자가 그 다음에 오는 단어의 첫 모음 (또는 무음h + 모음) 글자와 결합하여 한숨에 발음되는 현상이다.
연음이 가장 빈번하게 일어나는 자음글자는 s, x, t, d, z, l, n, r 등이다.

★ 주의 : s, x, z → [z]
d, t → [t]
f, v → [v]
c, g, k, q → [k]

* mon ami, bon appétit, pas encore
* mes amis, bons amis, belles autos, grandes écoles, meilleurs amis
* beaux enfants, vieux amis, deux ans, chez elles, prenez-en

* petit appartement, grand appartement, dit-il, prend-il
* neuf heures, vis-à-vis
* avec eux, long hiver

⁂ Signes orthographiques

1. Accent aigu (´) : café, été, René

2. Accent grave (`) : voilà, père, où

3. Accent circonflexe (ˆ) : âme, être dîner, vôtre, flûte

4. Cédille (ç : 항상 [s]로 발음) : garçon, ça, français

5. Tréma (¨) : Noël, maïs, Saül

6. Trait d'union (-) : 주로 복합어 또는 도치된 단어사이를 연결하는 짧은 선
   * 복합어 : grand-mère, arc-en-ciel
   * 도치 : Vous avez faim. → Avez-vous faim?
     Tu le prends. → Prends-le!

7. Apostrophe (') : 앞 단어의 끝모음을 탈락시키고 대신 붙인다.
   * 정관사 le, la + 모음 또는 무음h : le + homme → l'homme
   * je, me, te, se … + 모음 또는 무음h : Je + habite → J'habite
   * que : Que + est-ce que c'est? → Qu'est-ce que c'est?
   * de : de + Avignon → d'Avignon
   * si : si + il vous plaît → s'il vous plaît
   * 복합어 : aujourd'hui, quelqu'un

❋ Activités

1. 〈자음자 + 모음자〉 읽기

ba	be	bi	bo	bu	by
ca			co	cu	
ça	ce	ci	ço	çu	cy
da	de	di	do	du	dy
fa	fe	fi	fo	fu	fy
ga			go	gu	
gea	ge	gi	geo	gy	
ha	he	hi	ho	hu	hy
ja	je	ji	jo	ju	jy
ka	ke	ki	ko	ku	ky
la	le	li	lo	lu	ly
ma	me	mi	mo	mu	my
na	ne	ni	no	nu	ny
pa	pe	pi	po	pu	py
qua	que	qui	quo		
ra	re	ri	ro	ru	ry
sa	se	si	so	su	sy
ta	te	ti	to	tu	ty
va	ve	vi	vo	vu	vy
wa	we	wi	wo	wu	wy
xa	xe	xi	xo	xu	xy
za	ze	zi	zo	zu	zy

2. 〈모음자 (+ 모음자)〉 읽기

[ɛ] : air, mais, neige, reine, père, poète, Pierre, elle, sept, avec

[e] : et, bébé, habité, habitez, habiter, quai

[o] : au, gauche, eau, beau

[u] : soupe, où, bonjour

[ø] : bleu, deux, euro, feu, Peugeot

[œ] : heure, jeune, bœuf, neuf

[wa] : moi, toi, trois, roi

[wi] : oui, aujourd'hui

3. 〈모음자 + y〉 읽기

[ei] : pays

[ɛj] : crayon, rayon

[ɥij] : tuyau

[waj] : voyage

[wajo] : noyau

[wajɛ̃] : citoyen

4. 연 음

Un homme, des hommes, les amis, mon ami

un appartement, un petit appartement

Vous êtes entre amis.

Il est trois heures.

Il pleut de plus en plus.

Nous habitons à Séoul.

Mes amis viennent me voir.

5. 다음 표현을 축약하여 올바로 수정하세요.

1) je aime →
2) je habite →
3) le enfant →
4) le homme →
5) la école →
6) Que est-ce que ce est →

❋ Voca spécialisé : Signes de ponctuation

프랑스에서는 소수점 아래 단위를 쓸 경우 우리나라와 달리 온점(.)을 사용하지 않고 쉼표(,)으로 표기하는 경우가 많다. (예) 216,50 €

온점 le point
쉼표 la virgule
세미콜론 le point-virgule
콜론 les deux-points
각괄호 les crochets
괄호 les parenthèses
따옴표 les guillemets
물음표 le point d'interrogation
느낌표 le point d'exclamation
줄표 le tiret
줄임표 (…) les points de suspension 또는 les trois points

Leçon 2

Bonjour Mina !

※ Mini-dialogue

Mina : Salut, Paul !
Paul : Salut, Mina !
Voici Monsieur Dupont.
M. Dupont : Bonjour, Mina. Enchanté !
Mina : Enchantée !
Paul : Au revoir ! Bonne journée !
Mina : Au revoir ! À bientôt !

※ Vocabulaire

deux [둬] 둘, (서수적 용법) 제2의

Leçon 2 [르쏭 둬] 제2과

mini-dialogue [미니-디알로그] *n.m.* 짧은 대화

salut [쌀뤼] *n.m.* (만나거나 헤어질 때 인사) 안녕

voici [부아씨] 여기 ~ 있다, 이 사람이 ~이다, 이것이 ~이다

monsieur [머씨유으] *n.m.* (남자에 대한 경칭) ~씨 (氏), 신사분

madame [마담] *n.f.* (기혼여성 또는 중년여성에 대한 경칭) 부인

mademoiselle [마드무아젤] *n.f.* (미혼여성에 대한 경칭) 아가씨

bonjour [봉쥬~ㄹ] *n.m.* (낮인사) 안녕하세요

jour [쥬~ㄹ] *n.m.*낮, 하루, 날짜

bonsoir [봉수아~ㄹ] *n.m.* (저녁인사) 안녕하세요

soir [수아~ㄹ] *n.m.* 저녁

nuit [뉘이] *n.f.* 밤

enchanté, enchantée [엉샹떼] (처음 만났을 때 인사) 반가워요

☞ 제5과 품질형용사

Au revoir [오 흐부아~ㄹ] (헤어질 때 인사) 안녕히 가세요.

au [오] 축약관사 (전치사 à + 정관사 le의 축약형) ☞ 제7과 축약관사

bon, bonne [봉, 본] 좋은

Bonne journée [본 쥬ㄹ네] 즐거운 오후 되세요.

à [아] ~에 (에서)

bientôt [비앵또] 곧, 조만간

À bientôt [아 비앵또] 곧 또 만나자.

※ Structure

1. Voici

가까운 사람, 사물을 소개할 때 또는 지금부터 말하려는 것을 가리킨다.

Voici Monsieur Dupont.

Voici Madame Dupont.

Voici Mademoiselle Dupont.

Voici Mina.

Voici Paul.

2. Voilà

먼 데 있는 사람, 사물을 소개할 때 또는 방금 말한 것을 가리킨다. 특히 두 사람 또는 두 사물을 구별하여 소개하고자 할 경우 voici와 대비시켜 voilà가 함께 쓰인다.

Voici Mina et voilà Minsoo.

★ voici : 화자에게 가까운 것.
voilà : 화자에게서 먼 것을 가리키지만, 현재 이 둘의 구별은 모호하고, 특히 일상어에서는 voici와 대비시켜 사용하는 경우를 제외하고는 voilà가 voici 보다 더 빈번히 쓰인다.

Voilà un livre !

3. 관사

관사는 명사의 성(남성 / 여성)과 수(단수 / 복수)에 따라 관사의 형태를 맞추어 명사 앞에 위치한다. 프랑스어에는 부정관사, 정관사, 부분관사가 있다.

1) 부정관사

셀 수 있는 명사 앞에서 쓰이되, 단수로 쓰일 때는 '어느 하나', '여럿 가운데 하나', '~라면 누구나' (개체 전체)의 뜻이 있고, 복수로 쓰일 때는 '여럿의', '얼마간의' 등의 뜻이 있다.

	단수	복수
남성명사	un homme	des hommes des femmes
여성명사	une femme	

Claude? Un garçon ou une fille?
Voici un stylo. Voilà des crayons.

★ 단수 un (une)은 숫자 '하나의~', 복수 des는 '여럿의~'의 뜻을 지닌다.

2) 정관사

정관사는 모든 명사 앞에 사용될 수 있고, 대화자가 서로 알고 있는 것, 앞서 언급된 명사, 문맥상 한정된 명사, 세상에서 유일한 것(해, 달, 국명, 산, 강)을 나타내는 고유 명사 앞에서, 명사의 총체적 의미를 표현할 때, 일가족을 나타낼 때, '~당', '~마다'의 뜻으로 사용된다.

	단수	복수
남성명사	le garçon	les garçons les filles
여성명사	la fille	

★ le, la는 모음/무음h로 시작되는 단수명사 앞에서 축약된다.
l'air, l'eau, l'histoire

★ les Vincent (뱅상씨 가족)

3) 부분관사

셀 수 없는 물질명사 또는 추상명사 앞에서 약간의 부분을 표현할 때 사용한다. 주로 먹고 마시는 것, 날씨 등에 주로 사용된다.

	단수	복수
남성명사	du vin, du travail de l'argent	des légumes
여성명사	de la bière, de la liberté de l'huile	

★ 〈de l'〉 + 모음 또는 무음h로 시작되는 단수명사 : de l'argent, de l'eau
Voici du jambon et de l'omelette.

★ 관사 용례의 기본 차이
① un café 커피 한잔

le café 앞서 언급된 커피 또는 커피란~ (총체적 의미)
du café 커피 약간

② le soleil 태양
du soleil 햇볕

※ Activités

1. Mina : Bonjour, Paul!
   Paul : Bonjour, Mina!

   (bonjour) (salut) (au revoir)

   1) Annie / Philippe
   2) Isabelle / Thomas
   3) Chantal / Victor
   4) Catherine / Eric
   5) Nicole / Georges
   6) Denise / Denis

2. Mina : Voici Thomas.
   Paul : Bonjour, Thomas!

   1) François
   2) Nicole
   3) Robert
   4) Sylvia
   5) Albert
   6) Dominique

3. classe → la classe / une classe

1) fille
2) école
3) étudiant
4) étudiante
5) professeur
6) vacances
7) hommes
8) femme
9) maison
10) français

4. vin → du vin

1) café
2) pain
3) chance
4) chocolat
5) poisson
6) fromage
7) salade
8) gâteau
9) soupe
10) eau

❋ Prononciation : Lettres muettes

★ **다음과 같이 프랑스어에는 발음되지 않는 철자가 많다.**

1) 단어 끝 e :

l**e**, d**e**, c**e**, madam**e**, étudiant**e**

2) 단어 끝 s :

trè**s**, omelette**s**, Loui**s**, Nante**s**

3) h :

homme, **h**éros, aujourd'**h**ui, T**h**omas

4) 단어 끝 자음글자 :

étudian**t**, salu**t**, monsieu**r**

★ 단어 끝 c, f, l, r, q 등은 발음되는 경우도 있으므로 유의한다.

la**c**, par**c**, Eri**c**

neu**f**, soi**f**

fi**l**, vi**ll**e, Miche**l**

bonjou**r**, revoi**r**, acteu**r**

cin**q**

Expression en français

단어장

내일 demain, 즐거운 bon (bonne) 주말, week-end, 저녁 soir, 밤 nuit
화요일 mardi, 식욕 appétit, 생일 anniversaire, 해 (년) année
여행 voyage, 잘 가 Ciao, 안녕 (만날 때 혹은 헤어질 때) salut

1. (저녁인사) 안녕하세요.

2. (밤) 안녕히 주무세요.

3. 내일 만나요!

4. 다음 화요일에 봐요!

5. 즐거운 주말되세요!

6. 맛있게 드세요!

7. 즐거운 여행되세요!

8. 생일 축하해요!

9. 새해 복 많이 받으세요!

10. 잘 가!

❋ Voca spécialisé : Noms français

프랑스인 이름에는 등가의 영어 이름이 있다. 그리고 프랑스에서는 이름 두 가지를 조합한 이름이 영어권보다 훨씬 더 빈번하다. 특히 아래 보기와 같이 **Jean-**, **Marie-**의 조합이 흔하다. 또한 애칭이나 별칭이 젊은이들 사이를 제외하고는 영어권만큼 유행하지 않는 편이다.

★ 프랑스식 이름 / 영어식 이름

Jean / John, Jacques / James, Guillaume / William, François / Frank
Hélène / Helen, Suzanne / Susan, Monique / Monica, Marie / Mary

★ 조합식 이름

Jean-Pierre, Jean-Marc, Jean-Paul, Jean-Michel, Jean-Philippe
Marie-Hélène, Marie-Laure, Marie-Claire, Marie-France,
Marie-Louise

★ 애칭의 종류

Jojo (= Georges), Pierrot (= Pierre), Dédé (= André)
Mimi (= Michèle), Gigi (= Ginette), Kiki (= Christine)

Leçon 3

Paul regarde Catherine.

❋ Mini-phrase

Paul regarde Catherine.
Lui, il reste debout.
Il parle à Catherine.
Ils parlent souvent de Paris.

❋ Vocabulaire

trois [트루아] 셋, (서수적 용법) 제3의

mini-phrase [미니 프하~즈] *n.m.* 짧은 문장

regarde [흐갸흐ㄷ] ☞ *regarder* 바라보다

reste [해쓰뜨] ☞ *rester* 머물다

debout [드부] 서있는 상태로

Paul [뽈] 남자이름

Catherine [꺄트린] 여자이름

il [일], ils [일] (주어 인칭대명사) 그는, 그들은

parle [빠흘ㄹ], parlent [빠흘ㄹ] ☞ *parler* 이야기하다

souvent [쑤벙] 자주

toujours [뚜쥬~ㄹ] 항상

à [아] ~에게, ~에서, ~에

de [드] ~에 대하여, ~의, ~로부터

Paris [빠리] 도시명

et [에] 그리고

ou [우] 또는

mais [매] 그러나

avec [아벡] ~함께

bien [비앵] 잘, 능숙하게

mal [말] 잘 못하게, 나쁘게,

dans [덩] ~안에

très [트래] 매우

aussi [오씨] 또한, 역시

⁂ Structure

1. 주어로 쓰이는 인칭대명사

		단 수	복 수
1인칭		Je 나는	Nous 우리들은
2인칭		Tu 너는	Vous 당신 (들)은, 너희들은
3인칭	남성	Il 그는, 그것은	Ils 그들은, 그것들은
	여성	Elle 그녀는, 그것은	Elles 그녀들은, 그것들은

★ 3인칭에서는 사람이나 사물을 구별하지 않고, 명사가 남성단수의 경우 Il, 여성단수의 경우 Elle, 남성복수 (또는 혼성)의 경우 Ils, 순전히 여성복수의 경우 Elles로 대신한다.

★ Vous : 2인칭단수 Tu의 복수이거나 한 사람일지라도 경칭으로 사용된다.

2. 강세형 인칭대명사

			강세형 인칭대명사	주격 인칭대명사
단수	1인칭		**Moi**	je
	2인칭		**Toi**	tu
	3인칭	남성	**Lui**	il
		여성	**Elle**	elle
복수	1인칭		**Nous**	nous
	2인칭		**Vous**	vous
	3인칭	남성	**Eux**	ils
		여성	**Elles**	elles

1) 주격 인칭대명사 강조 : Lui il reste, mais moi je quitte.

2) 전치사 뒤 : Mina joue avec lui. Il travaille pour nous.

3) et, ou와 함께 : Toi et moi, nous travaillons beaucoup.

4) 동사 없이 단독 사용 : Qui danse bien? Moi.

3. 1군 동사 직설법 현재시제 어미변화

프랑스어 동사는 인칭에 따른 동사어미의 변화형에 따라 크게 세 가지 군으로 나뉜다. 대체로 동사어미가 -er로 끝나는 1군 규칙동사, -ir로 끝나는 2군 규칙동사가 있다. 그리고 3군에는 -re로 끝나는 규칙동사와 불규칙동사로 세분된다.

1군 동사는 프랑스어 동사의 약 90%를 차지한다. 동사의 어미가 -er로 끝나며, 동사어미 -er 대신 -e, -es, -e, -ons, -ez, -ent로 규칙적으로 활용한다.

★ **1군 동사 현재시제 활용법 예시 :** Le verbe *parler* **[빠흘레]** ~**말하다**

인칭	parl (동사어간)	-er	인칭	parl (동사어간)	-er
Je	parl	**-e**	Nous	parl	**-ons**
Tu		**-es**	Vous		**-ez**
Il Elle		**-e**	Ils Elles		**-ent**

Je parle français.

Tu parles anglais.

Il parle toujours français.

Nous parlons à Mina.

Vous parlez trop bas.

Ils parlent anglais.

❋ Conjugaison du verbe

1. Le verbe *regarder* [흐갸흐데] ~을 바라보다

Je	regarde	Nous	regardons
Tu	regardes	Vous	regardez
Il Elle	regarde	Ils Elles	regardent

Je regarde la télé tous les soirs.

J'aime regarder le cinéma.

Nous regardons souvent le match.

Ils regardent Sylvia.

2. Le verbe *travailler* [트라바이예] ~일하다

Je	travaille	Nous	travaillons
Tu	travailles	Vous	travaillez
Il Elle	travaille	Ils Elles	travaillent

Je travaille le dimanche.

Mina travaille bien en classe.

Vous travaillez à Paris.

Ils travaillent avec Robert.

❋ Activités

1. 1군 동사들을 이용하여 프랑스에서의 여행일정을 말해보자.

arriver à Paris, téléphoner à Paul, parler français, regarder la tour Eiffel.
arriver à Annecy, skier, visiter Toulouse, rentrer à Séoul.

1) Je ···

2) Tu ···

3) Franck ···

4) Nous ···

5) Vous ···

6) Hélène et Louise ···

2. Mina : Tu danses?

Paul : Bien sûr, je danse.

1) chanter
2) skier
3) parler français
4) nager
5) travailler
6) voyager en France

❋ Prononciation : [r]

프랑스어 [r]는 [크~흐] 또는 [에~흐] 할 때 공기가 목젖을 진동시키며 나는 음으로서, 우리말 [ㅎ] 또는 [ㄹ]에 가까운 음이다. [r]는 매우 빈번히 나타나는 음이기 때문에 다음 단어와 문장들을 큰 소리로 여러 번 읽으면서 연습이 필요하다.

rare, **r**at, **r**estau**r**ant, **r**iz, **r**ose, **r**ouge, **r**uban, **r**entre, ga**r**age,
Pa**r**is, mai**r**ie, a**rr**ive, Ma**r**ie, Pat**r**ick
me**r**ci, pa**r**ler, Ma**r**c, conce**r**t, fo**r**t

Clai**r**e **r**este à Pa**r**is chez son g**r**and-pè**r**e.
Ma**r**ie a**rr**ive à Fo**r**t-de-F**r**ance.
Ma**r**c pa**r**le c**r**éole.
Ma**r**c **r**encontre René ap**r**ès le conce**r**t.

Memo

Expression en français

단어장

좋아하다 aimer, 말하다 parler, 그리고 et, 또는 ou, 노래하다 chanter
초대하다 inviter, 저녁식사하다 dîner, 함께 ensemble, 걷다 marcher
천천히 lentement, ~에게 말하다 parler à, ~에 대해 말하다 parler de
실비아 Sylvia, 방문하다 visiter, 베르사이유궁 château de Versailles
전화기 téléphone, 벨이 울리다 sonner

1. 나는 미나를 좋아한다.

2. 우리는 프랑스어를 말한다.

3. 그는 노래하고 그리고 그녀는 춤춘다.

4. 나는 폴과 에릭을 초대한다.

5. 우리들은 함께 저녁식사를 한다.

6. 그녀들은 천천히 걷는다.

7. 폴이 실비아에게 말을 한다.

8. 당신들은 실비아에 대해 자주 이야기한다.

9. 우리는 베르사이유궁을 방문한다.

10. 전화기가 울리네.

❊ Voca spécialisé : Pays, nationalités et langues

un pays		une nationalité	la langue
l'Asie	la Corée	coréen, coréenne	le coréen
	la Chine	chinois, chinoise	le chinois
	le Japon	japonais, japonaise	le japonais
l'Europe	la France	français, française	le français
	l'Angleterre	anglais, anglaise	l'anglais
	l'Allemagne	allemand, allemande	l'allemand
	la Belgique	belge	le belge
	l'Italie	italien, italienne	l'italien
	l'Espagne	espagnol, espagnole	l'espagnol
	la Suisse	suisse	le suisse
	la Russie	russe	le russe
l'Amérique	les Etats-Unis	américain, américaine	l'anglais
	le Canada	canadien, canadienne	l'anglais, le français
	le Mexique	mexicain, mexicaine	l'espagnol
l'Afrique	l'Égypte	égyptien, égyptienne	l'arabe
	le Gabon	gabonais, gabonaise	le français

Paul parle avec une Française et une Anglaise.

Les gabonais parlent français.

Leçon 4

Ça va?

⁂ Mini-dialogue

Paul : Bonjour Mina !

Mina : Bonjour Paul, ça va?

Paul : Oui, ça va bien. Et toi?

Mina : Pas mal. Catherine va bien?

Paul : Oui, elle va très bien, merci.

⁂ Vocabulaire

quatre [까트ㄹ] 넷, (서수적 용법) 제4의

Ça va? [싸바↗] (안부인사) 잘 지내시죠?

Ça va [싸바↘] (안부인사에 대한 대답) 잘 지내요.

ça 사물·상황을 지칭하여 이것, 그것

va ☞ *aller* 지내다, 가다

oui [위이] 예

non [농] 아니오

bien [비앵] 잘

très [트래] 아주

merci [매ㄹ씨] *n.m.* (감사의 말) 고맙습니다

Merci bien ! [매ㄹ씨 비앵] 매우 고맙습니다

Merci beaucoup ! [매ㄹ씨 보꾸] 대단히 고맙습니다

remercier [흐매ㄹ씨에] 감사하다

ne ~ pas [느 ~ 빠] ~아니다

ne ~ jamais [느 ~ 쟈매] 결코 ~아니다

ne ~ plus [느 ~ 쁠뤼이] 더 이상 ~아니다

ne ~ rien [느 ~ 히앵] 아무 것도 ~아니다

ne ~ personne [느 ~ 빼ㄹ쏜] 아무도 ~아니다

quelqu'un [깰깽] 어떤 사람, 누군가

quelque chose [깰끄 쇼즈] 어떤 것, 무엇인가

classe [끌라쓰] *n.f.* 교실, 수업

mal [말] 나쁘게, 잘 못하게

❋ Structure

1. 지시대명사 Ce, Ceci, Cela, Ça

★ ce : 사람 또는 사물, 단수 또는 복수, 상황 등을 지칭할 수 있는 대명사로서, '이것(들)', '저것(들)', '이 사람(들)', '저 사람(들)'의 뜻을 가진다.

★ ceci (이것) : 가까이 있는 것, 이제 말하려고 하는 것을 가리킨다.
cela (저것) : 멀리 있는 것, 이미 말한 것을 가리킨다.

★ ça : 일상어에서 cela 대신으로 쓰인다.

Ça va bien?
Je regarde cela.

2. 부정문

1) 부정사 ne ~ pas를 이용한 부정문

동사 앞뒤에 ne ~pas를 삽입하여 부정의 의미 (~아니다)를 표현한다.

Je parle français, mais je ne parle pas espagnol.

Je parle anglais, mais je ne parle pas coréen.

J'habite à Séoul.

Je n'habite pas à New-York.

★ ne 다음에 오는 단어가 모음/무음 h일 때는 축약이 일어난다.

2) 주요 부정표현

★ 동사 앞뒤에 부정을 나타내는 ne~pas의 pas 대신에 다음과 같은 다른 단어로 대체하여 다양한 의미의 부정문을 표현한다.

ne ~ jamais 결코 ~ 아니다	ne ~ plus 더 이상 ~ 아니다
ne ~ rien 아무 것도 ~ 아니다	ne ~ personne 아무도 ~ 아니다

Nous n'étudions jamais.

Je ne pense plus à toi.

Je ne regrette rien.

Je n'invite personne.

❋ Conjugaison du verbe

1. Le verbe *aller* [알레] ~에 가다, 지내다

Je	vais	Nous	allons
Tu	vas	Vous	allez
Il Elle	va	Ils Elles	vont

Ça va? Ça va bien. Ça va mal.

Je vais bien.

Je vais à Paris.

Paul va à Paris.

Nous allons en France.

Vous allez là-bas?

Ils vont en classe.

2. Le verbe *habiter* [아비떼] ~에 거주하다

J'	habite	Nous	habitons
Tu	habites	Vous	habitez
Il Elle	habite	Ils Elles	habitent

J'habite (à) Séoul.

Tu n'habites plus la ville?

Il habite 9 rue Guy Patin.

Nous habitons (à) la campagne.

Vous habitez là-bas?

Ils habitent dans une maison.

❋ Activités

1. Paul : Bonjour, Mina ! Ça va?

   Mina : Bonjour, Paul ! Oui, ça va bien, merci.

1) Robert / Marie

2) Thomas / Anne

3) François / Mélanie
4) Laurent / Monique

2. Paul : Tu vas bien, Mina?
   Mina : Oui, très bien. Franck va bien?
   Paul : Oui, il va très bien.

   1) Thomas
   2) Suzanne
   3) Thomas et Eric
   4) Suzanne et Nicole

3. J'invite Suzanne, mais je n'invite pas Monique.

   1) Je téléphone à Nicole. (Françoise)
   2) Je visite Paris. (Nice)
   3) Je parle à Paul. (Marc)
   4) Je dîne avec Michèle. (Eric)
   5) Je joue avec Jacques. (Robert)

※ Prononciation : [e]

프랑스어에서 [e]는 다음과 같은 환경에서 발음되며, 특히 단어말 *–er*, *-ai* 에서는 [e]로 발음된다.

et, b**é**b**é**, t**é**l**é**phon**er**, t**é**l**é**phon**ez**, t**é**l**é**phon**é**, qu**ai** (어말-ai), Qu**é**bec

L**é**a t**é**l**é**phone à **É**dith.
D**é**d**é** d**é**teste la t**é**l**é**.

Expression en français

단어장

잘 지내다 aller bien, 잘못 mal, 어떻게 comment, 살다 habiter
~에 en + 여성국명, 자동차로 en voiture, 걸어서 à pied, ~에 à + 도시명
제네바 Genève, 로마 Rome, 폴 Paul, 에릭 Eric, 실비아 Sylvia

1. 폴은 잘 지내니?

2. 그는 잘 지내지 못해.

3. 에릭과 실비아는 잘 지내고 있니?

4. 당신은 어떻게 지내십니까?

5. 넌 어떻게 지내?

6. 넌 서울에 사니?

7. 우리들은 제네바에 간다.

8. 나는 프랑스에 간다.

9. 그들은 자동차로 로마에 간다.

10. 그는 걸어서 간다.

❋ Voca spécialisé : Oui / Non / Si

① 긍정의 표현

Oui : Oui, Marc parle français.

Mais oui : Mais oui, il parle français.

Bien sûr : Bien sûr, Marie parle français aussi.

D'accord : J'invite Pierre, d'accord? Oui, d'accord.

② 부정의 표현

Non : Non, Marc n'habite pas à Lyon.

Mais non : Mais non, il n'habite pas à Québec.

Pas du tout : Pas du tout! Il parle très bien français.

Au contraire : Au contraire! Il danse très bien.

★ Si : 부정문에 대한 긍정의 대답

Tu n'aimes pas Sylvie? -Si.

Tu ne parles à personne? -Si, je parle à Pierre.

Leçon 5

Je suis Mina.

❋ Mini-phrase

Moi, je suis Mina Kim. Je suis de Séoul.
Je suis étudiante. Je ne suis pas professeur.
Paul est un jeune homme.
Lui, il est dans la maison.
Catherine est une jeune fille.
Elle et moi, nous sommes dans l'école.

❋ Vocabulaire

cinq [쌩끄] 다섯, (서수적 용법) 제5의

moi [모아] (je의 강세형) 나, 저

je [쥬] (주격인칭대명사) 나는, 저는

모음 또는 무음 h로 시작하는 단어 바로 앞에 올 때는 축약되어 j'가 된다.

suis [쉬이] ☞ *être* [애트ㄹ] ~이다

de [드] ~출신의, ~로부터

Séoul [쎄울] 서울

étudiant [에뛰디엉] *n.m.* 남학생

étudiante [에뛰디엉뜨] *n.f.* 여학생

professeur [프로패쐐~ㄹ] *n.m.* 교사

un [앵] + 남성단수명사 (부정관사, 수사) 어떤, 하나의

une [윈] + 여성단수명사 (부정관사, 수사) 어떤, 하나의

jeune [전ㄴ] 젊은

homme [옴므] *n.m.* 남자

fille [피여] *n.f.* 소녀

dans [덩] ~안에

maison [매종] *n.f.* 집

la [라] 정관사 + 여성단수명사

l' ☞ la [라] 정관사 la 축약형

école [에꼴] *n.f.* 학교

mais [매] 그러나

❊ Structure

1. 명사

프랑스어에서 명사는 남성 혹은 여성 중 어느 한쪽의 성을 가진다.

1) 명사의 성

- 남성명사 + e :
  un ami (남자친구) → une amie (여자친구)
  un étudiant (학생) → une étudiante (여학생)

- -en → -enne :

  un Coréen (한국남자) → une Coréenne (한국여자)

- -er → -ère :

  un étranger (외국인) → une étrangère (여자외국인)

- -eur → -euse :

  un chanteur (가수) → une chanteuse (여가수)

- -teur → trice :

  un acteur (배우) → une actrice (여배우)

- 어형이 완전히 다른 경우 :

  un père (아버지) → une mère (어머니)

  un homme (남자) → une femme (여자)

  un monsieur (신사) → une dame (부인)

- 남성형 = 여성형 :

  un journaliste (기자) → une journaliste (여기자)

  un élève (학생) → une élève (여학생)

2) 명사의 복수형 (예외는 있으나 대체로 다음과 같은 규칙에 의한다)

① 단수명사 + s :

table → tables

② 형태 그대로 (s, x, z로 끝난 단수명사 = 복수명사) :

nez → nez

③ au, eau, eu 끝난 단수명사 + x :

tuyau → tuyaux

bateau → bateaux

cheveu → cheveux

2. 품질형용사

품질형용사는 일반적으로 명사 또는 대명사를 수식하며, 그 명사나 대명사의 성질 혹은 상태를 나타내며, 수식하는 명사나 대명사가 남성인지 여성인지, 단수인지 복수인지에 따라서 어형의 끝이 변한다.

1) 위치

① 주로 명사 앞에 위치하는 경우 : 형용사 음절이 짧고 흔히 쓰이는 형용사
petit, grand, beau(belle), jeune, bon, mauvais, vieux

② 명사 뒤에 놓이는 형용사 : 색깔, 형태, 기후, 국적, 과거분사 형용사
une fleur rouge, la table ronde, la main chaude, le drapeau coréen

2) 성수 일치

명사의 성질, 형태, 상태 등을 수식하는 단어이며, 수식하는 명사나 대명사의 성과 수에 형용사의 성과 수를 일치시켜야 한다.

형용사	단수	복수
남성형	기본형 : un ami intelligent	기본형 + s : des amis intelligents
여성형	기본형 + e : une amie intelligente	기본형 + es : des amies intelligentes

Je marche avec un ami français et une amie anglaise.
Paul parle avec un beau Français et une jolie Anglaise.

★ 품질형용사의 여성형으로 변환하기 (대체로 다음과 같은 규칙에 의함)

① 남성형 (-e로 끝나는 경우) = 여성형 : jeune, rouge, rapide, sincère
② 남성형 + e : petit→petite, grand→grande, bleu→bleue, brun→brune
③ 남성형 + 끝자음자 반복 + e : bon→bonne, gentil→gentille

④ -er → -ère : entier→entière, premier→première

⑤ -eux → -euse : heureux→heureuse, précieux→précieuse

⑥ 어형이 다른 경우 : beau→belle, vieux→vieille

★ 품질형용사의 복수형으로 변환하기 (대체로 다음과 같은 규칙에 의함)

① 단수형 + s : grand→grands, grande→grandes

② s, x, z로 끝난 남성단수형 = 남성복수형 : gros, heureux

③ -al, -eau →-aux, -eaux : social→sociaux, beau→beaux

3. 장소 표현

- dans : Nicole est **dans** la chambre.
- sur : Le chat est **sur** le lit.
- sous : Le chien est **sous** le lit.
- devant : La table est **devant** la fenêtre.
- derrière : Le chien est **derrière** la porte.
- entre ~ et ~ : Le lit est **entre** la porte **et** la fenêtre.
- près de : La chaise est **près de** la table.
- loin de : La table est **loin de** la porte.

Conjugaison du verbe

1. Le verbe *être* [애트ㄹ] ~이다, ~있다

Je	suis	Nous	sommes
Tu	es	Vous	êtes
Il Elle	est	Ils Elles	sont

Je suis à Paris.

Tu es là?

Il est avec Hélène.

Nous sommes en vacances à Paris.

Vous êtes en ville.

Elles sont étudiantes.

☞ 제10과 Voca spécialisé : Expressions avec *être à~*

2. Le verbe *manger* [멍제] ~을 먹다

Je	mange	Nous	mangeons
Tu	manges	Vous	mangez
Il Elle	mange	Ils Elles	mangent

Je mange tôt.

Tu manges avec des amis.

Il mange à midi.

Nous mangeons dans un restaurant français.

Vous mangez chez vous?

Ils mangent dehors.

❋ Activités

1. marchand → marchande

1) lecteur
2) vendeur
3) cuisinier
4) chien
5) élève
6) monsieur

2. table → tables

1) enfant
2) voiture
3) succès
4) jeu
5) gâteau
6) journal

3. petit → petits, petite, petites

1) grand
2) bon
3) beau
4) gentil
5) premier
6) actif

7) français

8) coréen

9) heureux

10) blanc

4. Alain est grand. → Suzanne est grande aussi.
Paul et Pierre sont grands aussi.
Nicole et Suzanne sont grandes aussi.
Paul et Suzanne sont grands aussi.

1) Alain est brun.

2) Alain est français.

3) Alain est beau.

4) Alain est sincère.

5) Alain n'est pas intelligent.

6) Alain est sympathique.

5. Henri → Mina : C'est Henri?
Nicole : Oui, c'est lui!

Françoise → Mina : C'est Françoise?
Nicole : Non, ce n'est pas elle!

1) Eric (oui)

2) Louise et Claire (oui)

3) Monsieur Duval (non)

4) Madame Duval (non)

6. Je suis de Paris. Je parle français.

1) Kyong-ju / coréen
2) Madrid / espagnol
3) Londre / anglais
4) Pékin / chinois
5) New-York / anglais
6) Tokyo / japonais
7) Berlin / allemand
8) Milan / italien

❊ Prononciation : [y] / [ɥ]

★ [y] 입술 동그랗게 하여 [i] 발음한다.

t**u**, sal**u**t, aven**ue**, ét**u**die, min**u**te, s**û**r, S**u**zanne
Sal**u**t L**u**cie, comment vas-t**u**?
L**u**c habite aven**ue** d**u** Maine.

★ [ɥ] + 모음

s**u**is, l**u**i, h**u**it, c**u**isine, j**u**in, j**u**illet, n**u**it, S**u**isse
Le h**u**it j**u**illet je s**u**is en S**u**isse.

Expression en français

단어장

학생 étudiant (étudiante), 한국인 corén (coréenne), 잘 생긴 beau (belle)
키가 큰 grand (grande), 통화중 en ligne (~중에 en + 명사), 그러나 mais
K대학교 l'université de K, 휴가중 en vacances, 실비 Sylvie
기분이 안 좋은 démoralisé (e)

1. 그녀는 학생입니다.

2. 우리들은 학생들입니다

3. 미나는 한국인입니다.

4. 우리는 교실에 있어요.

5. 우리는 K대학교에 있어요.

6. 폴은 미남이고 키가 큽니다.

7. 실비는 미인이지만, 그러나 키가 크진 않아요.

8. 폴은 지금 통화 중이예요.

9. 그들은 휴가 중이예요.

10. 그는 기분이 안 좋아요.

❋ Voca spécialisé : Expressions avec *C'est ~*

① Il est + 형용사 / C'est + 관사 + 명사 + 형용사

Il est amusant.
C'est un ami.
C'est un ami amusant.

Il est intelligent.
C'est un élève.
C'est un élève intelligent.

Elle est sympa.
C'est une amie.
C'est une amie sympa.

Elle est intelligente.
C'est une élève.
C'est une élève intelligente.

Voici un vélo.
Il est grand.
C'est un vélo français.

Voilà une voiture.
Elle est belle.
C'est une voiture américaine.

② C'est + 남성형용사 (항상)

Tu parles français?

C'est vrai?

Non, c'est faux!

Je parle anglais.

C'est facile.

Ce n'est pas facile.

③ C'est + 부사 (bien / mal)

Tu étudies?

C'est bien!

Pierre n'étudie pas.

C'est mal!

Leçon 6

J'ai deux jambes.

❋ Mini-phrase

J'ai deux jambes.
Est-ce que j'ai deux jambes?
Oui, tu as deux jambes.
Le chien a quatre pattes.
Est-ce qu'il a quatre pattes?
Oui, il a quatre pattes.
Je n'ai pas de pattes; j'ai deux jambes.
Est-ce que l'oiseau a deux jambes?
Non, il n'a pas de jambes; il a deux pattes et deux ailes.

❋ Vocabulaire

six [씨쓰] 여섯, (서수적 용법) 제6의

ai [애], as [아], a [아] ☞ *avoir* [아부아~] 가지고 있다

jambe [졍브] *n.f.* 다리

patte [빠뜨] *n.f.* (동물) 발,다리

pied [삐에] *n.m.* (사람이나 동물의 다리 맨 끝부분) 발

oiseau [우아조] *n.m.* 새

aile [앨] *n.f.* 날개

※ Structure

1. 의문사가 없는 의문문

1) (단순도치) 동사 + 주어 ~~?

Êtes-vous M. Dupont?

- Oui, je suis Robert Dupont.

Avez-vous des voitures?

- Oui, nous avons deux voitures.

A-t-elle des enfants?

- Non, elle n'a pas d'enfants.

Aimes-tu le café?

- Oui, j'aime le café.

Est-ce un hôtel?

- Non, ce n'est pas un hôtel. c'est un hôpital.

★ 도치된 주어가 대명사 (je, tu, il, elle, nous, vous, ils, elles, ce)이면 주어 앞에 '–'를 삽입한다.

★ 도치했을 때 동사와 주어가 모음충돌을 하면 '–t–'를 삽입한다.

2) Est-ce que + 주어 + 동사 ~~?

문두에 **est-ce que**를 붙이고, 평서문의 어순대로 표현한다.

Est-ce que Nicole habite à Séoul?
- Oui, elle habite à Séoul.

Est-ce qu'il parle français?
- Oui, il parle français.

Est-ce qu'Anne arrive à Paris?
- Oui, elle arrive à Paris.

Est-ce que tu danses bien?
- Non, je danse mal.

★ Est-ce que + 모음 / 무음 h로 시작하는 단어 앞 → Est-ce qu'

3) 억양 상승

회화체에서 많이 쓰이는 형식으로, 평서문 어순에서 문장말미를 올린다.
Elle est étudiante?↗ -Oui, elle est étudiante.↘
C'est un hôtel?↗ -Non, c'est un hôpital.↘

2. 부정의 de

부정문에서 부정관사와 부분관사가 de (d')로 바뀌는 경우가 있다.

Est-ce que tu as un sac?
→ Non, je n'ai pas de sac.

Est-ce que tu as une voiture?
→ Non, je n'ai pas de voiture.

Est-ce qu'il a des amis?
→ Non, il n'a pas d'amis.

Est-ce que vous avez du dessert?
→ Non, nous n'avons pas de dessert.

★ **être 동사구문에서는 변하지 않는다 : être + pas un / pas une / pas des**

C'est une amie.	Ce n'est pas une amie.
Ce sont des amies.	Ce ne sont pas des amies.
Ce n'est pas du vin blanc.	C'est de l'eau!

3. 수형용사

• **기수 1~20**

1	un, une	11	onze
2	deux	12	douze
3	trois	13	treize
4	quatre	14	quatorze
5	cinq	15	quinze
6	six	16	seize
7	sept	17	dix-sept
8	huit	18	dix-huit
9	neuf	19	dix-neuf
10	dix	20	vingt

• **기수 21~100**

21	vingt et un(e)	22	vingt-deux	30	trente
31	trente et un(e)	32	trente-deux	40	quarante
41	quarante et un(e)	42	quarante-deux	50	cinquante
51	cinquante et un(e)	52	cinquante-deux	60	soixante
61	soixante et un(e)	62	soixante-deux	70	soixante-dix
71	soixante et onze	72	soixante-douze	80	quatre-vingts
81	quatre-vingt-un(e)	82	quatre-vingt-deux	90	quatre-vingt-dix
91	quatre-vingt-onze	92	quatre-vingt-douze	100	cent

★ un + 남성명사 → une + 여성명사 : trente et une filles 31명의 소녀들

Conjugaison du verbe

1. Le verbe *avoir* [아부아~ㄹ] ~을 가지고 있다

J'	ai	Nous	avons
Tu	as	Vous	avez
Il Elle	a	Ils Elles	ont

J'ai un ami à Paris.

As-tu une guitare?

Philippe a une photo?

Nous avons une voiture.

Vous avez l'heure?

Elles ont une caméra.

☞ Voca spécialisé : Expressions avec *avoir*

2. Le verbe *aimer* [애메] ~을 좋아하다

J'	aime	Nous	aimons
Tu	aimes	Vous	aimez
Il Elle	aime	Ils Elles	aiment

J'aime beaucoup Paul.

Est-ce que tu aimes Mina?

Il n'aime pas travailler.

Nous aimons le cinéma.

Vous n'aimez pas votre école?

Ils aiment voyager.

❋ Activités

1. Mina : Est-ce que tu as une caméra?

   Paul : Non, je n'ai pas de caméra.

   1) un vélo
   2) une guitare
   3) un chien
   4) des chats

2. Mina étudie. (un livre?) → Elle a un livre.

   Paul n'étudie pas. (un livre?) → Il n'a pas de livre.

   1) Nicole regarde le film. (une télévision?)
      Jacques ne regarde pas le film. (une télévision?)

2) Nathalie est ponctuelle. (une montre?)
   Minsoo n'est pas ponctuel. (une montre?)

3) Mina écoute le concert. (une radio?)
   Paul n'écoute pas le concert. (une radio?)

3. Paul : Est-ce que tu aimes skier?
   Mina : Oui, j'adore skier.
   Minsoo : Non, je déteste skier.

   1) travailler
   2) parler français
   3) chanter
   4) écouter la radio
   5) danser
   6) regarder la télé

❋ Prononciation : [ɛ]

프랑스어에서 [ɛ]로 발음되는 경우는 아래와 같이 다양하다.

* ai : **ai**mer, **ai**r, m**ai**s, p**ai**x
* ei : n**ei**ge, r**ei**ne
* è : p**è**re, m**è**re, po**è**te, **È**ve
* ê : **ê**tre, f**ê**te
* e + 자음 + 자음 : **e**lle, s**e**pt, v**e**rt, Pi**e**rre

Mich**e**l **ai**me **E**st**e**lle.

Mich**è**le dét**e**ste **ê**tre av**e**c Ann**e**tte à Qué**b**ec.

Expression en français

단어장

프랑스어 사전 dictionnaire français, 개 chien, 고양이 chat, 친구들 amis
연필 crayon de papier, 전화 걸 시간 le temps de téléphoner, 자전거 vélo
프랑스어과목 en français, 좋은 점수 bonne note, 보석들 bijoux, 이성 raison
몸매 좋다 avoir la ligne

1. 저는 프랑스어 사전을 갖고 있어요.

2. 그들은 개 한 마리와 고양이 두 마리가 있어요.

3. 그에게는 친구들이 없어요.

4. 우리는 자전거가 없어요.

5. 너 연필 있니?

6. 그녀는 보석들을 갖고 있어요.

7. 나는 프랑스어과목에서 좋은 점수를 받았어요.

8. 나는 전화 걸 시간이 없어.

9. 네가 옳아. (=너는 이성을 갖고 있어)

10. 너 몸매 괜찮네.

❋ Voca spécialisé : Expressions avec *avoir* ~

- avoir ~an (s) :
  Elle a 20 ans.

- avoir chaud :
  Quand j'ai chaud en été, je vais à la plage.

- avoir froid :
  As-tu froid maintenant? Voici le pull.

- avoir faim :
  Il est midi. Nous avons faim.

- avoir raison :
  Est-ce que vous avez toujours raison?

- avoir tort :
  Paul n'étudie pas. Il a tort!

- avoir de la chance :
  J'ai de la chance. J'ai des parents généreux.

- avoir envie de :
  Je n'ai pas envie de travailler. J'ai envie de voyager.

- avoir besoin de :
  J'ai besoin de 500 euros.

Leçon 7

Qui parle?

❋ Mini-dialogue

Mina : Qui parle là-bas?
Paul : C'est Depardieu. Il est acteur.
Mina : Qui est-ce, cette fille?
Paul : Elle est chanteuse.
Cet après-midi, elle donne un concert.
Mina : J'adore y aller ! Je suis une vraie fan.
Paul : Moi, je vais jouer au tennis avec Minsoo.
Tu viens avec nous?

❋ Vocabulaire

sept [쎄트] 일곱, (서수적 용법) 제7의

qui [끼] 누구

là-bas [라 바] 저기에

est-ce [애 쓰] 이 사람은 / 이것은 ~입니까? ☞ c'est의 도치형

ce [쓰] (지시대명사) 이것은, 이것들은, 이 사람은, 이 사람들은

cette [쎌] (지시형용사) 이, 그, 저 ☞ ce, cet, cette, ces

Gérard Depardieu [제라ㄹ 드빠르디유으] 남자배우이름

acteur [악뛔~ㄹ] *n.m.* 남자배우 ☞ actrice [악트리쓰] *n.f.* 여배우

fille [피여] *n.f.* 소녀

chanteuse [셩뛰~ㅈ] *n.f.* 여가수 ☞ chanteur [셩뛔~ㄹ] *n.m.* 남자가수

après-midi [아프레-미디] *n.m.* 오후

un après-midi [앵 나프레-미디] 어느 오후

cet après-midi [쌔따프레-미디] 오늘 오후

demain après-midi [드맹 아프레-미디] 내일 오후

donne [돈ㄴ] ☞ *donner* [도네] ~을 주다

J'adore [쟈 도~ㄹ] ☞ *adorer* [아도레] ~을 좋아하다

concert [꽁쌔~ㄹ] *n.m.* 콘서트

vais + 동사원형 ☞ ~하러 갈 것이다, ~ 할 것이다

vrai [브래] 진정한

fan [판] *n.* 팬, 열광자

jouer [쥬에] 경기하다 ☞ jouer à + 운동명

au [오] ☞ 축약관사 (à + le)

tennis [때니쓰] *n.m.* 테니스

viens [비앵] ☞ *venir* [브니~ㄹ] 오다

❋ Structure

1. 의문사 Qui

사람을 대신하는 의문대명사로서 의문문을 이룬다.

Qui travaille? Jean travaille.

Qui aime Marie? Marc aime Marie.

Qui regarde la télévision? Paul regarde la télévision.

Qui écoute la radio? Mina écoute la radio.

À qui téléphones-tu? Je téléphone à Mina.

Avec qui voyagez-vous? Nous voyageons avec Paul.

De qui parle Pierre? Pierre parle de Minsoo.

Pour qui travailles-tu? Je travaille pour Marie.

2. 지시형용사 ce (cet), cette, ces

지시형용사는 관사와 함께 쓸 수 없으며, 화제에 오른 사람이나 사물을 지시하는 데 사용된다.

	남성	여성
단수	ce garçon cet enfant, cet homme	cette fille cette auto, cette histoire
복수	ces garçons, ces enfants, ces hommes ces filles, ces autos, ces histoires	

Ce garçon est beau.

Cet homme est grand.

On parle souvent de **cette** auto.

Ces enfants sont très aimables.

★ 모음이나 무음 h로 시작하는 남성 단수명사 앞에서는 ce → cet가 된다.

cet homme, cet arbre, cet enfant, cet hôtel, cet hôpital, cet été

★ 때를 나타내는 표현에 지시형용사가 쓰인다.

ce matin, cet après-midi, ce soir, ce week-end, ce mois, cette année

★ 말하는 사람을 기준으로 명사의 원근 (장소, 시간 등)을 명확히 표현할 필요가 있을 경우 명사 뒤에 -ci, -là를 붙인다.

Cette femme-**ci** travaille bien et **cette** femme-**là** travaille mal.

Mina aime **ces** chaussures-**ci**, mais Minsoo aime **ces** chaussures-**là**.

3. 중성대명사 y (거기에)

'전치사 à (또는 sur, dans, en, …) + 명사'를 대신하는 대명사이며, à + 동사원형, à + 절을 대신하기도 한다. 사물에만 쓰이며, 동사 앞에 위치한다.

Est-il dans le jardin? - Oui, il y est.

Habites-tu à Paris? - Non, je n'y habite pas.

Elle va au cinéma et j'**y** vais aussi.

Est-ce qu'ils vont chez Mina? - Non, ils n'**y** vont pas.

4. 축약관사 au / aux

전치사 à (~에 / 에서 / 에게) + 정관사 (le, les) + 자음으로 시작되는 남성명사

à + le → au	à + les → aux

Voici le cinéma. Paul est au cinéma. Mina va au cinéma.

Voici la piscine. Paul est à la piscine. Mina va à la piscine.

Voici l'hôpital. Paul est à l'hôpital. Mina va à l'hôpital.

Voici les Champs-Élysées. Paul est <u>aux</u> Champs-Élysées.
Mina va <u>aux</u> Champs-Élysées.

Voici les élèves. Paul et Mina parlent <u>aux</u> élèves.

★ à + 정관사 〈l'〉 : 축약하지 않는다.

l'hôpital → Nous allons **à l**'hôpital.

5. aller + 동사원형

1) ~하러 가다 (목적)

Je vais chercher Paul.

Elles vont faire les courses le vendredi.

2) ~할 것이다 (근접미래)

〈aller + 동사원형〉 (~할 것이다)의 형태로 가까운 미래를 표현한다.

★ ***rester*** **예시**

Je	vais rester	Nous	allons rester
Tu	vas rester	Vous	allez rester
Il Elle	va rester	Ils Elles	vont rester

Je vais rester à la maison.

Attention, tu vas tomber.

Nous allons faire les courses demain.

Elle va chanter devant les gens.

Cet été, nous allons faire un voyage en Europe.

❋ Conjugaison du verbe

1. Le verbe *venir* [브니~르] ~ 오다

Je	viens	Nous	venons
Tu	viens	Vous	venez
Il Elle	vient	Ils Elles	viennent

Je viens avec lui.

Est-ce que tu viens au cinéma?

Paul ne vient pas encore.

Nous venons à cinq heures.

Vous venez de Paris, n'est-ce pas?

Ils viennent en taxi.

2. Le verbe *voyager* [부아야제] ~ 여행하다

Je	voyage	Nous	voyageons
Tu	voyages	Vous	voyagez
Il Elle	voyage	Ils Elles	voyagent

Bon voyage!

Je voyage avec lui.

Nous voyageons pour affaires.

Ils voyagent en auto.

❋ Activités

1. écouter la radio → Qui écoute la radio?

   1) voyager souvent
   2) regarder la télé
   3) aimer danser
   4) détester regarder la télé

2. Mina : Je visite Londres.

   Nicole : Avec qui visites-tu Londres?

   1) regarder la télé (avec)
   2) chanter (pour)
   3) travailler (pour)
   4) parler beaucoup (de)
   5) téléphoner souvent (avec)
   6) aimer danser (avec)

3. une chemise

   → Mina: J'aime cette chemise-ci.

   Minsoo: J'aime cette chemise-là.

   1) un pantalon
   2) des disques
   3) un vélo
   4) des lunettes de soleil

5) un pull

6) une bicyclette

4. Mina : Est-ce que vous allez souvent à Paris?

Paul : Oui, nous y allons souvent.

Non, nous n'y allons pas souvent.

1) à la cafétéria

2) à l'école

3) en ville

4) en voyage

5) chez lui

6) dans les magasins

❋ Prononciation : [ø] / [œ]

[ø], [œ]는 입술을 동그랗게 한 상태에서 우리말 [으], [에]를 발음한 음과 비슷하다.

*** [ø] : 발음나지 않는 자음이나 [z] 음이 뒤따르는 경우가 많다.**

d**eu**x, **eu**x, f**eu**, bl**eu**, **eu**ro, j**eu**di, pl**eu**t, monsi**eu**r, curi**eu**x, y**eu**x, **Eu**gène

Eugénie est trop curi**eu**se.

Ils ont d**eu**x livres bl**eu**s avec **eu**x.

Matti**eu** est amour**eu**x de la serv**eu**se.

Les d**eu**x filles sont très généreu**eu**ses.

Le vi**eu**x monsi**eu**r a les chev**eu**x blancs.

* [œ] : 주로 끝음이거나 또는 [r]이 잘 뒤따른다.

h**eu**re, n**eu**f, l**eu**r, j**eu**ne, s**oeu**r, b**œu**f, act**eu**r, profess**eu**r

La s**oeu**r arrive à **ne**uf h**eu**res.

Le profess**eu**r Lesi**eu**r parle avec l'ingéni**eu**r.

J'ai mal au c**oeu**r, Doct**eu**r.

Memo

Expression en français

단어장

노래하다 chanter, 좋아하다 aimer, 이 책 ce livre, 저자 auteur, ~의 de
~의 것이다 être à + 사람, 이 휴대폰 ce téléphone portable, 친구 copain
오다 venir, 저녁 soir, ~의 집에 chez, 거기 y, 또한 aussi
얼마 combien, 값이 ~이다 coûter, 다이어트 중 être au régime

1. 당신은 누구십니까?

2. 누구세요? (초인종에 답하며)

3. 누가 노래하고 있나요?

4. 당신은 누구를 좋아하세요?

5. 누가 폴을 좋아하나요?

6. 그들은 누구에게 말하고 있나요?

7. 그들은 누구에 관해 이야기하고 있나요?

8. 폴은 영화관에 가고, 미나도 거기 가요.

9. 이 책의 저자는 누구인가요?

10. 저는 다이어트 중이에요.

❋ Voca spécialisé : Préférences

- aimer :

  J'aime beaucoup Paul. Je n'aime pas travailler.

- adorer :

  J'adore le voyage. J'adore voyager.

- désirer :

  Nous désirons visiter Bruxelles.

- préférer :

  Préférez-vous les comédies ou les drames?

  Je préfère les comédies aux drames.

  Quand préférez-vous payer la note?

- détester :

  Je déteste la chaleur.

  Je déteste rester à la maison.

Leçon 8

Que regarde Paul?

❋ Mini-phrase

Que regarde Paul?
Il regarde une belle image sur le mur.
C'est la photo des Champs-Elysées.
Que regarde Mina?
Elle regarde un beau livre.
Le livre de France est plus intéressant que le livre de maths.
De quoi parlent-ils?
Ils parlent de leur voyage inoubliable.
Elle range bien ses affaires.
Rangez-vous bien vos affaires?

❋ Vocabulaire

huit [위잍] 여덟, (서수적 용법) 제8의

que [끄] 무엇

quoi [꾸아] (que의 강세형) 무엇

beau [보], beaux [보], belle [벨] belles [벨] 멋진

photo, photographie [포또, 포또그라피] *n.f.* 사진

frère [프래~ㅎ] *n.m.* 남자형제

soeur [쐐~ㅎ] *n.f.* 여자형제

son [쏭] 그의, 그녀의 ☞ 소유형용사

sa [싸] 그의, 그녀의 ☞ 소유형용사

leur [뤠~ㅎ] 그들의, 그녀들의 ☞ 소유형용사

voyage [부아야쥬] *n.m.* 여행

inoubliable [이누블리아블] 잊지 못할

range [헝쥬] ☞ *ranger* [헝졔] 정돈하다

affaire [아패~ㄹ] *n.f.* (주로 복수) 소지품

❋ Structure

1. 의문사 que, quoi

사물을 대신하는 대명사로서 의문문을 이룬다.

Que fais-tu dans la vie?

Que faites-vous dans la vie?

★ Qu'est-ce que + 주어 + 동사 ~~ ? 형태로도 표현한다.

Qu'est-ce que Mina regarde?

Elle regarde une photo.

Qu'est-ce que Paul achète?

Il achète des livres.

Qu'est-ce que c'est?

C'est une Peugeot.

C'est une voiture française.

★ **quoi : que의 강세형**

• **que**가 동사 뒤에서 쓰일 때는 강세형으로 표현한다.

Tu fais quoi?

Vous faites quoi?

• **que**가 전치사와 함께 사용될 때는 '전치사 + **quoi**'의 형태로 표현한다.

Tu parles de quoi?

De quoi parlez-vous?

2. 소유형용사

프랑스어에서 소유형용사는 명사 앞에 놓여 명사와의 소유관계를 나타낸다.

이때 소유형용사는 뒤에 오는 명사의 성수에 따라 아래 표와 같이 사용한다.

소유자	남성단수	여성단수	복수 (공통)
나의	mon père	ma mère	mes parents
너의	ton père	ta mère	tes parents
그의, 그녀의	son père	sa mère	ses parents
우리들의	notre père	notre mère	nos parents
당신의, 너희들의	votre père	votre mère	vos parents
그들의, 그녀들의	leur père	leur mère	leurs parents

★ 모음 / 무음 h로 시작하는 단수명사는 항상 남성단수형 소유형용사와 함께 쓰인다.

나의 자동차 mon auto (ma auto ×)
나의 이야기 mon histoire (ma histoire ×)

Mon ami Paul est étudiant.

Mon amie Nicole est étudiante.

C'est **mon** mari.

C'est **ma** femme.

Avec **mes** jambes je marche.

Avec **ma** bouche et **ma** langue je parle, je chante.

Est-ce que ce sont **tes** crayons ?

Mina aime **son** école.

Elle téléphone à **sa** famille.

Un bon maître aime **ses** élèves.

Notre fils est gentil.

Nos enfants sont à l'école.

Votre maison est belle.

Ils entrent dans **leur** classe.

Leurs affaires vont bien.

3. 축약관사 du / des

전치사 de (~의) + 정관사 (le, les) + 자음으로 시작되는 남성명사

de + le → du	de + les → des

Pour jouer au tennis, elle emprunte le short **de** Nicole.

Pour jouer au tennis, elle emprunte le tee-shirt **de la** soeur de Nicole.

Pour jouer au tennis, elle emprunte la raquette **du** frère de Nicole.

Nous parlons **de la** musique **de la** cousine de Nicole.

Nous parlons **du** concert **du** cousin de Nicole.

★ de + 정관사 〈l'〉 : 축약하지 않는다.

Nous parlons **de l**'opéra italien.

4. 비교급

1) 형 태

<table>
<tr><td rowspan="2">우등 비교급
(~보다 더 ~하다)</td><td>형용사</td><td rowspan="2">plus ~</td><td rowspan="6">que</td></tr>
<tr><td>부사</td></tr>
<tr><td rowspan="2">동등 비교급
(~만큼 ~하다)</td><td>형용사</td><td rowspan="2">aussi ~ (부정문 si~)</td></tr>
<tr><td>부사</td></tr>
<tr><td rowspan="2">열등 비교급
(~보다 덜 ~하다)</td><td>형용사</td><td rowspan="2">moins ~</td></tr>
<tr><td>부사</td></tr>
</table>

2) 용법

① 형용사

Je suis **plus heureux que** lui.

Paul est **moins amusant que** moi.

Il est **aussi grand que** son père.

Je **ne** suis **pas si riche qu'**eux.

② 부사

L'avion va **plus vite que** le bateau.

Cette voiture-ci coûte **moins cher que** cette voiture-là.

Elle parle **aussi rapidement que** lui.

❋ Conjugaison du verbe

1. Le verbe *acheter* [아슈떼] ~ 을 사다

J'	achète	Nous	achetons
Tu	achètes	Vous	achetez
Il Elle	achète	Ils Elles	achètent

J'achète des skis.

Qu'est-ce que tu achètes?

Ma mère adore acheter.

Nous achetons notre café.

Vous achetez un chien?

Ils achètent des livres à leurs étudiants.

2. Le verbe *faire* [패~ㄹ] ~을 만들다, ~을 하다

Je	fais	Nous	faisons
Tu	fais	Vous	faites
Il Elle	fait	Ils Elles	font

Je fais des exercices.

Tu fais des progrès.

Nous faisons un voyage.

Elles font un match de tennis.

☞ 제11과 Voca spécialisé : Expressions avec *faire*

3. Le verbe *pouvoir* [뿌부아~ㄹ] ~ 할 수 있다

Je	peux	Nous	pouvons
Tu	peux	Vous	pouvez
Il Elle	peut	Ils Elles	peuvent

Est-ce que je peux jouer dans la pièce?

Est-ce qu'il peut sortir avec nous?

J'ai mal au pied. Je ne peux pas marcher.

Non, tu ne peux pas.

Oui, il peut sortir avec nous.

Activités

1. Mina : Que regardes-tu?

   Paul : Je regarde un match de football.

   1) visiter un musée
   2) avoir une guitare
   3) étudier le français
   4) acheter des fleurs

2. moi (une guitare) → J'arrive avec ma guitare.

   1) toi (une caméra)
   2) lui (des photos)

3) nous (une voiture)

4) elles (des CDs)

3. Monique (le petit ami et les cousines)

→ Monique arrive avec son petit ami et ses cousines.

1) moi (les amis et la soeur)

2) M. Dumas (les filles et le fils)

3) eux (les parents et la grand-mère)

4) toi (les amies et le frère)

4. Mina (le petit ami Paul)

→ Mina invite son petit ami Paul.

1) Paul (le cousin Eric)

2) Tomas (la soeur Nicole)

3) Monique (le frère Frank)

4) Nathalie (l'amie Sophie)

5. la guitare (le cousin de Paul)

→ Je n'ai pas la guitare du cousin de Paul.

1) la voiture (le cousin de Mina)

2) le vélo (l'ami de Minsoo)

3) la caméra (les élèves français)

4) les livres (le professeur)

5) les disques (le père de Marc)

6. une guitare : une raquette (cher)

→Une guitare est plus / aussi / moins chère qu'une raquette.

1) un vélo : une auto (grand)
2) une veste : un manteau (long)
3) le français : l'anglais (difficile)
4) une voiture : une maison (cher)
5) la classe de musique : la classe de français (amusant)

❋ Prononciation : [k]

프랑스어에서 [k]는 글자 c (+ a, o, u), k, qu, q (단어말)의 경우에 발음된다. 유의할 점은 영어와는 달리 ⟨q⟩ 뒤의 ⟨u + 모음⟩이 오면 u는 묵음이 된다.

Colette, **c**omment

qui, **qu**e, **qu**and, **Qu**ébec, **qu**atre, **qu**inze, **qu**estion, bibliothè**qu**e, co**q**

Qu'est-ce **qu**e c'est?

Qu'est-ce **qu**e **C**atherine choisit?

Claude a **qu**atre-vingt-**qu**atorze euros.

Expression en français

단어장

~을 하다 faire, 생각하다 penser à, 가족 famille, 키가 큰 grand (e)
지금 maintenant, 파리에서 à Paris, 사촌 cousin, 여자사촌 cousine
거기 là, 어머니 mère, 시청하다 regarder, 재미있는 방송 émission marrante
이것 ce, ~을 할 수 있다 pouvoir + 동사원형, 당신을 위하여 pour vous

1. 넌 뭐 하고 있니?

2. 당신은 무엇을 하고 있나요? (직업을 묻는 표현)

3. 넌 무엇을 생각하고 있니?

4. 지금 나는 나의 가족을 생각하고 있어.

5. 네 사촌 폴은 파리에서 무엇을 공부하니?

6. 그는 거기에 없어.

7. 나의 어머니는 재미있는 TV방송을 시청하고 계셔.

8. 니콜은 미나보다 키가 더 커.

9. 이것은 내 스타일이 아니야.

10. 당신을 위해 제가 무엇을 할 수 있을까요?

❋ Voca spécialisé : Famille et amis

- La famille proche :

  un père, une mère, les parents (부모)

  un fils, une fille, les enfants

  un frère, une soeur

  un grand-père, une grand-mère, les grands-parents

- La famille éloignée :

  un oncle, une tante, les parents (친척)

  un cousin, une cousine

- Les amis :

  un ami, une amie, un copain, une copine

  un camarade, une camarade

  un meilleur ami, une meilleure amie

  un petit ami, une petite amie

Mon père a 50 ans.

Ma mère est encore jeune.

Mon oncle n'est pas jeune.

Il est très âgé.

Catherine est la fille de mon oncle.

Elle est ma cousine.

C'est un ami.

Il joue avec un camarade.

C'est mon copain.

C'est ma copine.

C'est mon meilleur ami.

C'est ma meilleure amie.

Il est son petit ami.

Elle est sa petite amie.

On est très proche.

Ils font une sacrée paire.

Vous sortez ensemble?

Je sors avec lui en ce moment.

Il est mon homme idéal.

Il n'est pas mon genre.

Ça sert à quoi d'avoir des amis?

Nous sommes comme les deux doigts de la main.

Memo

Leçon 9

Où mangent-ils?

Mini-phrase

Il y a trois repas par jour.

- le petit déjeuner le matin
- le déjeuner à midi
- le dîner le soir

Mina prépare le petit déjeuner.

Où mange-t-elle?

Elle mange dans la cuisine.

A midi elle déjeune avec Paul.

Mina, tu n'as pas faim? -Si, j'ai très faim.

Que mangent-ils?

Ils mangent du pain, de la viande et des fromages.

Ce soir ils dînent avec leurs amis dans un restaurant.

Ils mangent et ils boivent.

On mange trois fois par jour.

❋ Vocabulaire

neuf [눠프] 아홉, (서수적 용법) 제9의

repas [허빠] *n.m.* 식사

par jour [빠ㄹ 쥬~ㄹ] 하루에, 하루당

petit déjeuner [쁘띠 데쥬네] *n.m.* 아침식사

déjeuner [데쥬네] *n.m.* 점심식사

dîner [디네] *n.m.* 저녁식사

matin [마땡] *n.m.* 오전

midi [미디] *n.m.* 정오

après-midi [아프래 미디] *n.m.* 오후

faim [팽] *n.f.* 시장기

si [씨] 예 (부정의문문에 대한 긍정 대답)

du [뒤], de la [들 라], des [데] ☞ 부분관사 + 물질명사 또는 추상명사

pain [빵] *n.m.* 빵

viande [비영드] *n.f.* 육류고기

fromage [프로마~쥬] *n.m.* 치즈

soir [수아~ㄹ] *n.m.* 저녁

manger [멍제] ~을 먹다

préparer [프레빠레] ~을 준비하다

où [우] (장소에 관한 의문 표현) 어디

que [끄] (의문대명사) 무엇을

restaurant [해쓰또렁] *n.m.* 레스토랑

fois [푸아] *n.m.* 횟수, 번

à [아] ~에 (서)

de [드] ~의

※ Structure

1. 의문부사 의문문

★ **의문사 + 동사 + 주어 ~~ ? (주어가 대명사이면 – 삽입한다)**

où (어디) :

Où habite Mina? À Séoul.

quand (언제) :

Quand arrive Marie à Paris? Demain.

comment (어떻게) :

Comment skies-tu? Très bien.

pourquoi (왜) :

Pourquoi invites-tu Sylvia?

Parce qu'elle danse très bien.

★ 의문사 + est-ce que + 주어 + 동사 ~~?

où (어디) :

Où est-ce que Mina habite? À Séoul.

quand (언제) :

Quand est-ce que Mina arrive à Paris? Demain.

comment (어떻게) :

Comment est-ce que tu skies? Très bien.

pourquoi (왜) :

Pourquoi est-ce que tu invites Sylvia?

Parce qu'elle danse très bien.

2. 비인칭구문 Il y a

Il y a + 명사 (단수 / 복수) : ~있다

Il y a une fille française.
Il n'y a pas de fille française.
Il y a des élèves intéressants.
Il n'y a pas d'élèves intéressants.
Il y a un ordinateur ici.
Il n'y a pas d'ordinateur ici.
Est-ce qu'il y a des livres français ici?
Non, il n'y a pas de livres français ici.

※ Conjugaison du verbe

1. Le verbe *déjeuner* [데쥬네] 점심식사하다

Je	déjeune	Nous	déjeunons
Tu	déjeunes	Vous	déjeunez
Il Elle	déjeune	Ils Elles	déjeunent

Je déjeune avec mes amis.
C'est l'heure de déjeuner.
Nous déjeunons au restaurant.
Ils vont déjeuner en ville.

2. Le verbe *préparer* [프레빠레] ~을 준비하다

Je	prépare	Nous	préparons
Tu	prépares	Vous	préparez
Il Elle	prépare	Ils Elles	préparent

Je prépare mon bac maintenant.

Qui prépare les repas chez toi?

Nous préparons un voyage pour Paris.

Le professeur prépare ses leçons.

3. Le verbe *boire* [부아~ㄹ] ~마시다

Je	bois	Nous	buvons
Tu	bois	Vous	buvez
Il Elle	boit	Ils Elles	boivent

Je bois toujours du café.

Tu bois du thé.

Isabelle boit de la limonade.

Nous buvons de l'eau minérale.

Vous ne buvez pas de bière?

Les enfants boivent du lait.

※ Activités

1. Mina : Où est ma caméra?

   Paul : Je n'ai pas ta caméra.

   1) le livre
   2) la guitare
   3) le CD
   4) les photos
   5) les sacs
   6) le chat

2. Anne : Jacques visite le château de Versailles. (Quand?)

   Philippe : Quand est-ce qu'il visite le château de Versailles?

   1) Thomas parle anglais. (Comment?)
   2) Louise dîne avec Paul. (Où?)
   3) Mina étudie le français. (Pourquoi?)

3. Je joue avec Paul.

   → Pourquoi est-ce que tu joues avec lui?

   1) Je travaille pour Monsieur Duval.
   2) J'étudie avec Mina.
   3) Je danse avec Louise et Marc.

4\. Est-ce qu'il y a du coca dans le frigo?

→ Oui, il y a du coca.

Non, il n'y a pas de coca.

1) vin blanc
2) thé
3) lait
4) eau
5) glace
6) jus d'orange

❋ Prononciation : [ɑ̃]

아래와 같이 [ɑ̃](엉)은 an, am, en, em에서 나타난다.

d**an**ser, **enfant**, gr**an**d, Fr**an**ce, H**en**ri, **lam**pe, qu**an**d, **An**dré

André et Fr**an**cine d**an**sent.

André **re**ntre **en** Fr**an**ce **en** déc**em**bre.

Expression en français

단어장

어디 où, 언제 quand, 어떻게 comment, 왜 pourquoi, 몇 combien
아들 fils, 딸 (소녀) fille, 가방 sac, 화장실 toilettes, 언제부터 depuis quand
거주하다 habiter, 멋진 génial (géniale), 냉장고 frigo, 치즈 fromage

1. 당신의 아들은 어디 있습니까?

2. 네 딸 미나는 어디 있니?

3. 네 가방들은 어디 있니?

4. 화장실은 어디에 있나요?

5. 넌 언제 파리에 가니?

6. 언제부터 파리에서 살고 있습니까?

7. 당신들은 몇 명입니까? (식당입구에서)

8. 우리들은 5명입니다.

9. 멋진 소녀들이 있어요.

10. 냉장고에 치즈가 없나요?

❋ Voca spécialisé : Mots utiles

à :

J'arrive à midi.

J'habite à Séoul.

Je parle à Pierre.

de :

J'arrive de Paris.

Je parle de Paris.

Voici le livre de Pierre.

avec :

Je joue avec Pierre.

Il habite avec Mina.

dans :

Nous étudions ensemble le français dans la classe.

Ils quittent la Corée dans un mois.

bien, mal :

Je parle bien français.

Je parle mal français.

très :

Je parle très bien français.

Je parle très mal français.

aussi :

Je joue au tennis.

Je joue au golf aussi.

et, ou, mais :

Voici Paul et voilà Nicole.

J'invite Suzanne ou Michèle

Je parle chinois, mais je parle très mal.

Leçon 10

Regarde la photo !

❋ Mini-phrase

Mina montre un livre à Paul.
Mais il ne le regarde pas.
Elle crie : regarde-le !
Mina est avec ses amis devant la vitrine d'un magasin.
Elle demande : regardons la vitrine !
Paul montre des voitures à ses amis.
Les amis ne les regardent pas.
Il crie : regardez-les !

❋ Vocabulaire

dix [디쓰] 열, (서수적 용법) 제10의

livre [리브ㄹ] *n.m.* 책

toujours [뚜쥬~ㄹ] 언제나

vitrine [비트린] *n.f.* 진열창

magasin [마가쟁] *n.m.* 상점

voiture [부아뛰~ㄹ] *n.f.* 자동차

crie [크리] ☞ *crier* [크리에]

demande [드멍드] ☞ *demander* [드멍데]

montre [몽트ㄹ] ☞ *montrer* [몽트레]

❋ Structure

1. 직접목적보어

주어 인칭대명사	Je (j')	Tu	Il	Elle	Nous	Vous	Ils Elles
직접목적보어	me (m')	te (t')	le (l')	la (l')	nous	vous	les

★ 위치는 동사 바로 앞에 놓인다.

★ me, te, le, la : 뒤따르는 동사가 모음 또는 무음 h일 때 축약이 일어난다.

Est-ce que tu **m'**aimes?

Oui, je **t'**aime.

Tu **m'**invites dimanche?

Bien sûr, je **t'**invite.

Tu aimes Paul?

Oui, je **l'**aime. Je **l'**invite.

Je **te** regarde toujours, mais tu ne **me** regardes jamais.

Est-ce qu'ils **vous** écoutent?

Non, ils ne **nous** écoutent jamais.

Quand est-ce que vous regardez la télé?

Je **la** regarde à 8 heures.

2. 명령문

어떤 일을 요구, 희망, 제안을 표현하고자 할 때 명령문의 형식을 취한다.

★ *regarder* 예시

2인칭 단수 (tu)	Regarde la tour Eiffel! (~해라)
1인칭 복수 (nous)	Regardons la tour Eiffel! (~하자, ~합시다)
2인칭 복수 (vous)	Regardez la tour Eiffel! (~하세요)

★ 1군동사의 경우 원칙적으로 2인칭 단수 현재시제의 〈-s〉를 탈락시킨다.

tu regardes la photo.→ Regarde-la!
tu parles→ Parle!

☞ 부정명령문 Ne parle pas!, Ne parlons pas!, Ne parlez pas!

★ 주요 동사들의 명령문 예시

Être	*Avoir*	*Parler* (1군동사)	*Finir* (2군동사)	인칭
Sois	Aie	Parle	Finis	Tu
Soyons	Ayons	Parlons	Finissons	Nous
Soyez	Ayez	Parlez	Finissez	Vous

Sois gentil!
Soyons gentils!
Soyez gentils!

N'aie pas peur!
N'ayons pas peur!
N'ayez pas peur!

Parle plus fort!

Parlons plus fort!

Parlez plus fort!

Finis la classe!

Finissons la classe!

Finissez la classe!

★ 제3자에게 명령을 전해야 할 경우 Que를 문두에 첨가한다.

Qu'il entre!

Qu'elle entre!

Qu'ils entrent!

Qu'elles entrent!

⁂ Conjugaison du verbe

1. Le verbe *montrer* [몽트레] ~을 보여주다

Je	montre	Nous	montrons
Tu	montres	Vous	montrez
Il Elle	montre	Ils Elles	montrent

Montrez-moi ce foulard en soie, s'il vous plaît.

Ne montrez pas les gens du doigt!

Il faut montrer patte blanche pour entrer.

2. Le verbe *demander* [드멍데] ~을 묻다, 요구하다

Je	demande	Nous	demandons
Tu	demandes	Vous	demandez
Il Elle	demande	Ils Elles	demandent

Paul demande : Où sont les photos?

Qu'est-ce qu'il demande à ses amis?

Il demande de l'argent à Mina.

3. Le verbe *prendre* [프렁-드ㄹ] ~을 취하다

Je	prends	Nous	prenons
Tu	prends	Vous	prenez
Il Elle	prend	Ils Elles	prennent

Je prends un taxi.

Elle prend du café.

Nous prenons des photos.

Vous prenez votre voiture?

⁂ Activités

1. étudier (Étudions! N'étudions pas!)

 1) parler français
 2) aller au musée
 3) dîner au restaurant
 4) rester à la maison

2. Aimes-tu cette comédie (Oui)
 → Oui, je l'aime beaucoup.

 1) Est-ce que Paul attend Mina? (Oui)
 2) Est-ce que tu aides tes parents? (Bien sûr)
 3) Tu écoutes ce disque? (Non)
 4) Quand est-ce que vous regardez la télé? (8h)

3. Paul cherche sa guitare.
 → Il ne la trouve pas.

 1) Mina (ses livres)
 2) Henri (son vélo)
 3) mes amis (Nicole)
 4) Robert (ses cousines)

4. inviter Pierre

→ Oui, invite-le!

Non, ne l'invite pas!

1) acheter la guitare

2) inviter Nicole

3) acheter les livres

4) inviter Paul et Mina

❊ Prononciation : [ə], [ɛ], [e]

*[ə]:

le, c**e**, m**e**, p**e**tit, r**e**pas, c**e**rises, r**e**venir, d**e**vant

J**e** trouve c**e** p**e**tit r**e**pas r**e**marquable.

*[ɛ]:

elle, b**e**lle, v**e**ste, v**e**rre, r**e**ste, t**e**rre, pi**è**ce, mani**è**re

Elle achète cette belle veste.

*[e]:

l**es**, c**es**, m**es**, dîn**er**, d**é**jeun**er**, invit**é**, c**é**l**é**br**er**, g**é**n**é**rale, ass**ez**, **et**

L**es** invit**és** vont assist**er** à un dîn**er** **é**l**é**gant.

Expression en français

단어장

노래하다 chanter, 쳐다보다 regarder, 잘 bien, 신중한 prudent, 작업 travail 끝마치다 terminer, 정오 전 avant midi, 제발 s'il vous plaît, 돕다 aider 지하철 métro, 버스 bus, 건네주다 passer, 오다 venir, 빨리 vite, 얌전한 gentil 우리집에 chez moi

1. 노래를 잘 해봐!

2. 잘 들어보세요!

3. 나를 보지 마세요!

4. 네 어머니를 도와라!

5. 이 집을 구매하자!

6. 정오 전에 이 작업을 끝냅시다.

7. 버스를 탑시다!

8. 지하철을 타지 맙시다!

9. 우리집에 빨리 와라!

10. 얌전히 들 좀 해주세요!

❋ Voca spécialisé : Expressions avec *Être à~*

- **être à + 명사 :**

  Ce livre est à Pierre.

  Ces bijoux sont à Marie.

  La parole est à Monsieur Dupont.

  Paul est à son travail.

  Le feu est au rouge.

  Je ne suis pas au régime.

  Je suis à votre service.

  Ce n'est pas la peine.

- **être à + 강세형 인칭대명사 :**

  Ce livre n'est pas à moi.

  Ces bijoux sont à elle.

- **À qui est / sont~ :**

  À qui est ce livre?

  À qui sont ces bijoux?

- **être à + 동사원형 :**

  Ce travail est à refaire.

  Cet appartement est à vendre.

Leçon 11

Ils leur parleront de leur voyage.

❋ Mini-phrase

Mina et Paul parlent de leur père et de leur mère.
Ils parlent de lui.
Ils parlent d'elle.
Parlez-nous d'eux.
Mina et Paul parleront à leur père ou à leur mère.
Ils lui parleront de leur voyage.
Mina et Paul parleront à leurs amis de leur voyage.
Ils leur parleront de leur voyage.

❋ Vocabulaire

onze [옹즈] 열하나, (서수적 용법) 제11의
de [드] ~에 관하여
père [빼~ㄹ] *n.m.* 아버지
mère [매~ㄹ] *n.f.* 어머니
lui [뤼이] (동사 앞) 그에게, 그녀에게 ☞ 간접목적보어
leur [뢰~ㄹ] (동사 앞) 그들에게 ☞ 간접목적보어

leur [뢰~ㄹ] (명사 앞) 그들의 ☞ 소유형용사

ami [아미] *n.m.* 남자친구

amie [아미] *n.f.* 여자친구

parleront [빠를ㄹ~홍] ~ 말할 것이다 ☞ *parler*

voyage [부아야쥬] *n.m.* 여행

⁂ Structure

1. 단순미래 시제

일반적으로 미래행위, 의지, 계획 등을 나타내고자 할 때 다음과 같이 미래형 어미를 붙임으로써 단순미래 시제로 표현한다.

1) 형태

1군과 2군 동사의 경우는 동사원형 자체가 어간이 되며, 〈–re〉로 끝나는 3군 규칙 동사는 e를 뗀 나머지가 어간이다.

★ 단순미래 어미 앞에는 예외 없이 언제나 –r–가 있다.

인칭	단순미래 어미	***regarder***	***finir***	***attendre***
je(j')	-rai	regarderai	finirai	attendrai
tu	-ras	regarderas	finiras	attendras
il elle	-ra	regardera	finira	attendra
nous	-rons	regarderons	finirons	attendrons
vous	-rez	regarderez	finirez	attendrez
ils elles	-ront	regarderont	finiront	attendront

★ 주요 불규칙동사 미래시제

avoir → j'aurai	faire → je ferai
être → je serai	pouvoir → je pourrai
aller → j'irai	venir → je viendrai
devoir → je devrai	vouloir → je voudrai
voir → je verrai	savoir → je saurai

2) 용법

- 미래에 이루어질 행위 또는 상태

  Ils arriveront après-demain.

- 의지 미래

  J'irai le voir.

- 완곡한 명령

  Vous tournez au premier chemin à gauche.

- 어조 완화

  Je vous prierai de m'écouter.

- 현재에 대한 추측 (특히 être, avoir)

  Paul est absent, il sera encore malade.

2. 간접목적보어

	단 수	복 수
1인칭	**me (m')** 나에게	**nous** 우리들에게
2인칭	**te (t')** 너에게	**vous** 당신 (들)에게, 너희들에게
3인칭	**lui** 그에게, 그녀에게	**leur** 그들에게, 그녀들에게

☞ **프랑스어에서 1인칭과 2인칭의 직접목적보어와 간접목적보어의 형태는 동일하다.**

Tu ressembles à ta mère. → Tu lui ressembles.
Vous parlerez à Paul → Vous lui parlerez.
Paul demande à ses parents d'acheter une mob.
→ Paul leur demande d'acheter une mob.

★ 명령문에서 목적격 인칭대명사가 동사 뒤로 이동할 경우 : me → moi, te → toi로 바뀐다.
Donnez-moi ce livre!
Passez-lui ce livre!

3. 3군 규칙동사

다음과 같은 동사군은 attendre 동사변화형과 같이 일정한 변화형을 가진다.

★ **Le verbe *attendre* 예시 참조**

-endre : attendre, entendre, vendre, rendre, descendre
-ondre : répondre
-erdre : perdre

J'attends l'autobus.
Mina attend Paul au café.
Réponds-lui.
Vous répondez à des questions.
Elles descendent en ville.
Nous descendons l'escalier.
Il vend son vélo.
Vendez-vous votre mob?
Elle entend les nouvelles.

Est-ce que vous entendez la radio?

Je n'ai pas envie de perdre mon argent.

Nous perdons notre plan de la ville.

Tu rends les documents à la bibliothèque.

Tu peux me rendre un service?

❋ Conjugaison du verbe

1. Le verbe *donner* [도네] ~을 ~에게 주다

Je	donne	Nous	donnons
Tu	donnes	Vous	donnez
Il Elle	donne	Ils Elles	donnent

Je donne ma langue au chat.

C'est à qui de donner?

Qui te donne cette mob?

Elles donnent de très beaux cadeaux.

2. Le verbe *attendre* [아떵~드ㄹ] ~을 기다리다

J'	attends	Nous	attendons
Tu	attends	Vous	attendez
Il Elle	attend	Ils Elles	attendent

J'attends le métro.

Est-ce que tu attends tes amis?

Un grand avenir vous attend.

Nous t'attendons une heure.

Attendez-moi après la classe.

Elles nous attendent au café.

❋ Activités

1. téléphoner samedi

→ Tu me téléphones samedi?

Non, je ne te téléphone pas samedi.

1) téléphoner lundi
2) inviter au concert
3) présenter à ton cousin
4) donner dix euros
5) acheter un gâteau
6) aider avec les maths

2. téléphoner à Paul

→ Tu téléphones à Paul?

Oui, je lui téléphone souvent.

Non, je ne lui téléphone pas.

1) parler à Mina

2) téléphoner à tes amis
3) parler français à tes parents
4) donner ton vélo à ta soeur

3. S'il te plaît, présente-moi au professeur!

1) présenter / à tes amis
2) donner / l'aspirine
3) prêter / 50 euros
4) inviter / à la surprise-partie
5) aider / avec les maths
6) attendre / après la classe

❋ Prononciation : [wa]

*** oi :**

t**oi**, m**oi**, v**oi**ci, v**oi**là, s**oi**r, s**oi**rée, **oi**seau, v**oi**r, pourqu**oi**, Madem**oi**selle

*** oy :**

v**oy**age, v**oy**ez, v**oy**ons, v**oy**elle
Je ne v**oi**s pas pourqu**oi** tu restes chez t**oi** ce soir.
Ben**oî**t v**oy**age avec m**oi**.
V**oi**là Madam**oi**selle Delacr**oi**x.
V**oy**ez-vous souvent Madem**oi**selle Dub**oi**s?

Expression en français

단어장

보내다 envoyer, SMS로 par SMS, 도착하다 arriver, 내일 demain
2년 후 dans 2 ans, ~을 떠나다 quitter, 3달 후 dans 3 mois
나를 보러 오다 venir me voir, 화가 난 fâché (e), 말을 걸다 parler
이메일주소 adresse e-mail, 내년 l'année prochaine, 프랑스에 en France
(보내)주다 donner, 좋은 꿈꾸다 faire de beaux rêves, 생각하다 penser

1. 내가 네게 SMS로 그걸 보내 줄께.

2. 나는 내년에 캐나다로 갈 거야.

3. 내일 그들은 그들의 부모님과 함께 파리에 도착할 것이다.

4. 2년 후에 그녀는 서울을 떠날 것이다.

5. 나 화났으니까 말 걸지 마!

6. 3달 후에 그들이 나를 보러 올까요?

7. 네 이메일 주소를 내게 문자로 (보내)줄래?

8. 내년에 그는 프랑스에 갈 거야.

9. 내 생각해~!

10. 좋은 꿈 꿔~~ (잠자리에 들기 전 인사)

❋ Voca spécialisé : Expressions avec *faire*

- faire attention :

  Pierre ne fait pas attention en classe.

- faire les courses :

  Nous faisons les courses le vendredi.

- faire des projets :

  Fais-tu des projets pour cet été?

- faire des progrès :

  Mina fait des progrès en français.

- faire la cuisine :

  Ma mère fait très bien la cuisine.

- faire un voyage :

  Cet été, je vais faire un voyage en Europe.

- faire du, de la, de l', des + 〈sport〉 :

  Est-ce que tu fais du sport?

  Non, je ne fais pas de sport.

  Paul fait du ski.

  Mina fait de la natation.

- faire du, de la, de l', des + 〈instrument〉 :

  Mes amis font de la guitare.

- faire du, de la, de l', des + 〈passe-temps〉 :

  Nous faisons de la poterie.

  Est-ce que vous faites du théâtre?

Elle fait de la danse classique.

- faire du, de la, de l', des + 〈étude〉 :

Est-ce que tu fais de l'espagnol?

Non, je fais du portugais.

Faites-vous des maths?

Non, nous ne faisons pas de maths.

Memo

Leçon 12

Quelle heure est-il?

※ Mini-dialogue

Mina : Quelle est la date aujourd'hui?
Paul : C'est mardi 1er mai.
Mina : Quelle heure est-il?
Paul : Il est trois heures cinq.
Mina : Le film finit à trois heures et demie.
Il vaut mieux jouer au tennis avec Françoise.
Quel temps fait-il dehors?
Paul : Il fait mauvais.

※ Vocabulaire

douze [두즈] 열둘, (서수적 용법)제12의

date [다뜨] *n.f.* 날짜

mardi [마ㄹ디] *n.m.* 화요일

1er ☞ premier [프ㄹ미에], première [프ㄹ미에~ㄹ] 제1의

mai [매] *n.m.* 5월

heure [웨~ㄹ] *n.f.* 시간

Quelle heure est-il? [껠 뢰~ㄹ 애 틸] 몇 시죠?

=Il est quelle heure?

=Vous avez l'heure? [부‿자베 뢰~ㄹ]

=Tu as l'heure? [뛰 아 뢰~ㄹ]

est-il? ☞ il est 의 도치형 (시간표현 비인칭주어 il)

mauvais (mauvaise) [모배, 모배즈] 나쁜

film [필름] *n.m.* 영화

finit [피니] ☞ finir [피니~ㄹ] 끝내다

temps [떵] *n.m.* 날씨, 시간

Quel temps fait-il? [껠 떵 패 띨] (날씨표현 비인칭주어 il) 날씨가 어때요?

Dehors [드오~ㄹ] 밖에, 밖으로

※ Structure

1. 의문형용사 Quel (어떤, 무슨)

남성단수형	quel	여성단수형	quelle
남성복수형	quels	여성복수형	quelles

Quel garçon?

Quelles amies invites-tu?

Quelle fille?

Quels amis invites-tu?

Quel âge as-tu?

J'ai vingt ans.

Quel jour sommes-nous aujourd'hui?

Nous sommes le dix juillet.

① **Quelle heure est-il?**

Il est une heure.
Il est deux heures.
Il est trois heures.
Il est quatre heures.
Il est cinq heures.
Il est six heures.
Il est sept heures.
Il est huit heures.
Il est neuf heures.
Il est dix heures.
Il est onze heures.
Il est midi.
Il est minuit.
Il est deux heures et demie.
Il est trois heures dix.
Il est quatre heures moins vingt.
Il est midi et demi.
A quelle heure commence le film?
Il commence à deux heures et demie.

★ a.m. : du matin (오전, 새벽)
p.m. : de l'après-midi (오후), du soir (저녁)

② Quel temps fait-il aujourd'hui?

Il fait beau.

Il fait bon.

Il fait chaud en été.

Il fait frais en automne.

Il fait très froid en hiver.

Il pleut.

Il neige.

③ Quelle température fait-il?

Il fait moins deux degrés.

Il fait douze degrés à Bordeaux.

Il fait zéro.

④ Quelle est la date aujourd'hui?

Quel jour est-ce? C'est le 10 septembre.

Aujourd'hui, c'est le 13 octobre.

Aujourd'hui, c'est dimanche.

Aujourd'hui, c'est dimanche 13 octobre.

Noël est le 25 décembre.

L'anniversaire de Mina est le premier juin.

J'ai rendez-vous avec Paul le 4 juin.

★ **le + 날짜 + 달 : le 2 août** 2013 = 02/08/2013

★ 1일 : 서수 **premier,** 2일~ : 기수로 나타낸다.
le premier octobre 2013 = 01/10/2013

★ aujourd'hui, hier, avant-hier, demain, après-demain

★ **요일 (les jours de la semaine)**

lundi, mardi, mercredi, jeudi, vendredi, samedi, dimanche

Lundi, je vais à Paris.

Je rencontre Paul du lundi au vendredi.

★ 12달 **(les mois de l'année)**

au printemps, en été, en automne, en hiver

janvier	février	mars	avril	mai	juin
juillet	août	septembre	octobre	novembre	décembre

2. 2군 동사 현재시제 어미변화

프랑스어 동사의 약 7%를 차지하고 있는 2군 동사는 동사 어미가 -ir로 끝나며, -ir 대신 -is, -is, -it, -issons, -issez, -issent 로 규칙 활용한다.

★ **2군 동사 현재시제 예시 : Le verbe *finir* [피니~ㄹ] ~을 마치다**

인칭	*fin*	*-ir*	인칭	*fin*	*-ir*
Je		-is	Nous		-issons
Tu	fin	-is	Vous	fin	-issez
Il Elle		-it	Ils Elles		-issent

	choisir	*réussir*	*réfléchir*	*maigrir*
je (j')	chois**is**	réuss**is**	réfléch**is**	maigr**is**
tu	chois**is**	réuss**is**	réfléch**is**	maigr**is**
il / elle	chois**it**	réuss**it**	réfléch**it**	maigr**it**
nous	chois**issons**	réuss**issons**	réfléch**issons**	maigr**issons**
vous	chois**issez**	réuss**issez**	réfléch**issez**	maigr**issez**
ils / elles	chois**issent**	réuss**issent**	réfléch**issent**	maigr**issent**

Les classes finissent à midi.

Est-ce que tu choisis le bikini bleu?

Nous réussissons parce que nous étudions beaucoup.

Tu parles sans réfléchir.

Je maigris parce que je suis au régime.

Paul grossit parce qu'il n'est pas au régime.

❋ Conjugaison du verbe

1. Le verbe *commencer* [꼬멍쎄] 시작하다

Je	commence	Nous	commençons
Tu	commences	Vous	commencez
Il Elle	commence	Ils Elles	commencent

La pluie commence.

La classe commence à trois heures.

Quand est-ce qu'on commence les travaux chez toi?

Il commence tard et finit tôt.

Ça commence!

2. Le verbe *voir* [부아르] ~보다

Je	vois	Nous	voyons
Tu	vois	Vous	voyez
Il Elle	voit	Ils Elles	voient

Je ne vois pas Mina. Où est-elle?

Tu vois souvent tes parents?

Mina voit souvent Paul.

Nous voyons un match de football à la télé?

Voyez-vous bien avec vos lunettes?

Mes amis voient souvent leurs parents.

❋ Activités

1. 1h 15 → Paul : Il est une heure et quart?

   Mina : Oui, il est une heure et quart.

   1) 1h
   2) 2h 5
   3) 3h 15
   4) 5h 30
   5) 8h
   6) 9h 20
   7) 10h 50
   8) 11h 45

2. Paul : A quelle heure est le train de Nice?

   Mina : A six heures dix.

   1) Nice 6 : 10
   2) Lyon 7 : 15

3) Cannes 8 : 30

4) Tours 9 : 12

5) Paris 10 : 16

6) Marseille 11 : 20

3. Paul : Quelle heure est-il? 1 : 00 (le film)

   Mina : Il est une heure cinq.

   Paul : Oh là là! Le film commence à une heure!

1) 4 : 30 (la classe)

2) 9 : 20 (l'opéra)

3) 2 : 15 (le match)

4) 7 : 00 (le concert)

5) 12 : 00 (le théâtre)

6) 10 : 00 (la leçon)

4. Les quatre saisons : au printemps, en été, en automne, en hiver

   Mina : Quel temps fait-il à Séoul?

   Paul : En été il fait chaud. Aujourd'hui il fait 30 degrés.

1) À Paris

2) À Montréal

3) À New-York

4) À Pékin

❋ Prononciation : [ɛ̃] / [jɛ̃] / [jɛn]

* [ɛ̃] : in, im, yn, ym, ain, aim, ien
c**in**q, **in**vite, bi**en**, s**ym**pathique, **in**telligent, cous**in**

Al**ain** **in**vite Juli**en** Dup**in**.

Mart**in** est un cous**in** améric**ain**.

* [jɛ̃] : bi**en**, v**ien**s, v**ien**t, canad**ien**, ital**ien**
Jul**ian** v**ien**t avec Luc**ien**.

* [jɛn] : v**ienn**ent, canad**ienne**, ital**ienne**

Les deux Canad**ienn**es ne v**ienn**ent pas.

Memo

Expression en français

단어장

번호 numéro, 휴대폰 téléphone portable, 집주소 adresse, 계획 projet
좋아하는 수업 classe favorite, 생일 anniversaire, 날짜 date
무슨 날 quel jour, 약속 rendez-vous, 다음 주 화요일 mardi prochain
끝나다 finir, 영화 cinéma, 11월 novembre, 저녁 10시 dix heures du soir
저녁식사하다 dîner, 몇시에 à quelle heure

1. 당신의 이름은 무엇입니까?

2. 너희들의 집주소는 뭐니?

3. 당신의 휴대폰번호가 무엇입니까?

4. 당신의 생일은 언제입니까?

5. 제 생일은 11월 3일입니다.

6. 당신의 계획들은 무엇입니까?

7. 당신의 좋아하는 수업들은 무엇입니까?

8. 우리들은 몇 시에 저녁식사를 하나요?

9. 우리는 다음 주 화요일에 폴과 약속이 있어요.

10. 영화는 저녁 10시에 끝날 거예요.

❋ Voca spécialisé : Jours fériés

1월 1일 : 설날 (le Jour de l'an)

2월 부활절 47일전 화요일 : 참회의 화요일 (Mardi gras)

4월 춘분 이후 첫 보름달 후 일요일 : 부활절 (les Pâques)

5월 1일 : 노동절 (Fête des ouvriers)

5월 8일 : 제2차 세계대전 종전기념일 (l'Armistice de 1945)

6월 부활절로부터 40일째일 : 예수승천일 (l'Ascension)

6월 부활절로부터 50일째일 : 성신강림축일 (Lundi de Pentecôte)

7월 14일 : 대혁명기념일 (le Quatorze Juillet)

8월 15일 : 성모승천일 (l'Assomption)

11월 1일 : 만성절 (la Toussaint)

11월 11일 : 제1차 세계대전 종전기념일 (l'Armistice de 1918)

12월 25일 : 성탄절 (Noël)

Leçon 13

Nous avons travaillé la treizième leçon.

※ Mini-phrase

Nous sommes venus ici pour étudier le français.
Aujourd'hui nous étudions la treizième leçon.
La dernière fois, nous avons travaillé la douzième leçon.
J'ai beaucoup travaillé et tu as bien travaillé.
Il y a quinze leçons dans ce livre.
Nous avons étudié douze leçons.
Il en reste encore trois.
Avez-vous étudié tous les jours?
Parlez-vous bien ou mal?

※ Vocabulaire

treize [트레즈] 열셋, (서수적 용법) 제13의

treizième [트레지앰] 제13의

douzième [두지앰] 제12의

quinze [깽즈] 열다섯의

Nous avons travaillé [누 자봉 트라바이예] ☞ *travailler*의 복합과거

Nous avons étudié [누 자봉 에뛰디에] ☞ *étudier*의 복합과거

dernier (dernière) [데ㄹ니에 (데ㄹ니에~ㄹ)] 지난

fois [푸아] *n.f.* 번, 회 (回)

Il [일] ☞ 비인칭주어 il 구문

en [엉] ☞ 중성대명사 en

reste [헤쓰트] ☞ *rester* 비인칭구문 *il reste* ~이 남다

encore [엉꼬~ㄹ] 아직도

leçon [르쏭] *n.f.* 수업, 강의, 교훈

Il faut [일 포] ~해야 한다 ☞ 비인칭구문 *falloir*

sommes venus [쏨 브뉘] ☞ *venir*의 복합과거

chez [쉐] ~의 집에

tous les jours [뚤 레 쥬~ㄹ] 매일

bien [비앵] 잘

mal [말] 잘못

patient, patiente [빠씨엉, 빠씨엉뜨] 인내심이 있는

❋ Structure

1. 복합과거

'~했다'의 뜻, 과거의 정확한 시점에 한 행위나 사건 및 완료를 표현한다.

형태 : 〈조동사 (avoir 또는 être)의 현재 + 과거분사〉

★ **주요 과거분사**

-er	-é	regardé, parlé, mangé, commencé, allé
-ir	-i	fini, choisi, réfléchi, sorti, parti, dormi
-dre	-du	attendu, répondu, vendu, descendu, perdu
불규칙형	être	été
	avoir	eu
	faire	fait
	-oir(e)	voir → vu, boire→ bu
	-é	naître → né
	-i	suivre → suivi, rire → ri
	-is	prendre → pris, mettre → mis
	-it	dire → dit, écrire → écrit, conduire → conduit
	-ert	ouvrir → ouvert, offrir → offert
	-ort	mourir → mort
	-û	devoir → dû

1) **모든 타동사와 대부분의 자동사는 avoir를 조동사로 취한다.**

J'ai été à Paris en 2012.
Est-ce que tu n'as pas eu d'accident de voiture hier?
Ce soir, il a fait la cuisine.
Elle a bien répondu aux questions de son professeur.
Est-ce que vous n'avez pas téléphoné à Paul?
Elles ont vécu en France pendant trois ans.

★ **avoir + 과거분사 : 동사의 직접목적어가 동사 앞에 위치할 경우, 과거분사는 직접목적어의 성수에 일치해야 한다.**

J'ai acheté **un livre**. → Je **l'**ai acheté.

J'ai acheté **des livres**. → Je **les** ai acheté**s**.

J'ai acheté **une voiture**. → Je **l'**ai acheté**e**.

J'ai acheté **des voitures**. → Je **les** ai acheté**es**.

2) 일부 자동사와 대명동사는 être를 조동사로 취함.

(être와 결합하는 자동사 : 왕래발착, 생사, 정지, 상태변화 관련동사)
aller, venir, partir, arriver, entrer, sortir, monter, descendre, tomber
naître, mourir, rester, devenir, parvenir, rentrer, retourner

★ être + 과거분사 : 형용사처럼 주어의 성수에 과거분사의 성수 일치.

Il est arrivé hier soir.
Elle est arrivée hier soir.
Nous sommes arrivé(e)s hier soir.
Vous êtes arrivé(e)(s) hier soir.

★ 동사 중에는 자동사로도 쓰이고, 타동사로도 쓰이는 것들이 있다.

자동사일 때는 être, 타동사일 때는 avoir를 조동사로 취함.
〈자동사〉 Elle est sortie à deux heures.
〈타동사〉 Elle a sorti un mouchoir de sa poche.
〈자동사〉 Elle est montée dans sa chambre.
〈타동사〉 Elle a monté la valise dans sa chambre.
〈자동사〉 Elle est passée devant moi.
〈타동사〉 Elle a passé son temps à la lecture.

2. 비인칭구문

비인칭구문은 3인칭 단수로만 사용되는 것으로서, 흔하게 사용되므로 용례를 잘 익혀두어야 한다.

1) 본래적 비인칭동사

★ Il faut + 동사원형 (~해야 한다) / + 명사 (~ 필요하다)

Pour entrer dans un casino, il faut avoir 18 ans.

Il faut deux heures pour y aller.

Il lui faut partir pour la France.

2) 비본래적 비인칭동사 : 일반동사가 문맥에 따라 비인칭동사로도 쓰인다.

★ Il reste + 명사 : ~ 남아 있다.

Il reste une bouteille de champagne.

Il ne reste plus de rosbif.

Il me reste 100 euros.

3. 중성대명사 en

de + 명사 또는 수량을 표현하는 명사를 대신하며 동사 앞에 놓인다.

de의 뜻에 따라 en의 의미에도 변화가 있다.

원칙으로는 사물을 대신하지만 사람을 표시할 수도 있다.

Tu viens de ce café?

Oui, j'**en** viens.

Avez-vous parlé de votre voyage?

Non, nous n'**en** avons pas parlé.

Mangez-vous assez de fruits?

Oui, j'**en** mange assez.

As-tu beaucoup d'argent?

Non, je n'**en** ai pas beaucoup.

J'en ai peu.

Faites-vous du sport?

Oui, j'**en** fais trop.

Parlez de votre ami.

Parlez-**en** à vos parents.

Y a-t-il des filles dans cette classe?

Oui, il y **en** a cinq.

Paul a une soeur?

Oui, il **en** a une.

Tu as un vélo?

Non, je n'**en** ai pas.

★ 부정문 (ne~pas)에서 un (une)은 생략된다.

❋ Conjugaison du verbe

1. Le verbe *falloir* [팔루아~ㄹ] ~해야 한다, ~필요하다

(3인칭 단수형 시제만 사용됨)

Il	faut

Il faut y aller.

Il me faut 200 euros.

2. Le verbe *partir* [빠르티~ㄹ] ~ 출발하다

Je	pars	Nous	partons
Tu	pars	Vous	partez
Il Elle	part	Ils Elles	partent

Quand partez-vous en vacances?

Quand partez-vous à la campagne?

❋ Activités

1. Mina → Mina a téléphoné hier.

1) moi
2) toi
3) vous
4) nous
5) ses cousins
6) André et Jeanne

2. avoir un accident

→ Avez-vous eu un accident?

Oui, j'ai eu un accident.

Non, je n'ai pas eu d'accident.

1) avoir une bonne note en français

2) aimer le ski
3) voyager en train
4) parler à Jean
5) dîner dans un restaurant français

3. Je ne suis pas patient(e).
→ Je n'ai pas attendu.

1) Mina n'est pas patiente.
2) Nous sommes patients.
3) Louis et Henri ne sont pas patients.
4) Vous êtes très impatients.

4. Combien de frères avez-vous?
- J'en ai un (deux, trois, …).
Je n'en ai pas.

1) soeurs
2) vélos
3) chiens
4) caméras
5) montres
6) cousins

❋ Prononciation : [o]

아래와 같이 [o]는 o, ô, au, eau에서 나타난다.

au, **au**x, **eau**, b**eau**, j**au**ne, pian**o**, radi**o**, f**au**x, vél**o**, dr**ô**le, h**ô**tel, n**o**s, v**o**s

Marg**o**t a un b**eau** pian**o**.

Voici v**o**s vél**o**s j**au**nes.

Memo

Expression en français

단어장

마시다 boire, 콜라 coca, ~에 대해 이야기를 나누다 parler de~
방문하다 visiter, 태어나다 être né(e)(s), 1995년 en 1995
~간 적 있다 avoir été, 살다 vivre (vécu), ~동안 pendant, 년 an (s)
~을 하느라 밤을 지새다 passer la nuit à + 동사원형, 죄송합니다 pardon
컴퓨터하다 faire de l'ordinateur, 항상 toujours, 잘 bien
이렇게 (저렇게) comme ça, 다시 말하다 répéter, 천천히 doucement

1. 누가 내 콜라를 마셨지?

2. 아버지와 형은 프랑스에 관한 얘기를 했다.

3. 우리는 루브르를 방문했다.

4. 우리는 당신에 대해 많이 얘기를 나눴어요.

5. 그녀는 1995년생이다.

6. 나는 2005년에 파리에 간 적이 있다.

7. 그들은 서울에서 3년 동안 살았다.

8. 컴퓨터 하느라 밤을 보냈어.

9. 그는 항상 저래.

10. 죄송하지만, 다시 천천히 말씀해주시겠습니까?

※ Voca spécialisé : Expressions avec *en*

J'en ai marre de toi. ☞ marre 지긋지긋하게

J'en ai l'eau à la bouche. ☞ bouche *n.f.* 입

J'en ai le coeur gros. ☞ coeur *n.m.* 심장, 가슴, 마음

Je n'en peux plus. ☞ ne ~ plus 더 이상 아니다

Tu m'en veux encore? ☞ en vouloir à~를 원망하다

J'en pince dur pour elle. ☞ en pincer pour ~에게 반하다

Memo

Leçon 14

Le matin de Mina.

※ Mini-phrase

Elle s'appelle Mina.
Elle se réveille et regarde l'heure : il est six heures.
C'est l'heure de se lever.
Elle entre dans la salle de bains.
Elle se regarde dans la glace.
Elle se lave avec l'eau chaude.
Elle prend une serviette de toilette et elle s'essuie.
Elle est propre et revient dans sa chambre.
Elle se poudre et s'habille.
Maintenant elle doit se dépêcher pour aller à son école.
Dépêche-toi ! On est en retard.

※ Vocabulaire

quatorze [까토ㄹ즈] 열넷, (서수적 용법) 제14의

s'appelle [싸뻴] ☞ *s'appeler* [싸쁠레] ~라고 불리다

se réveille [쓰 헤베이으] ☞ se réveiller [쓰 헤베이에] 잠을 깨다

C'est l'heure de + 동사원형 [쌔 뤠~ㅎ 드] ~할 시간이다

se lever [쓰 르베] 일어나다

entre [엉트ㄹ] ☞ entrer [엉트레] ~에 들어가다

salle de bains [쌀 드 뱅] *n.f.* 욕실

se regarde [쓰 흐갸ㅎ드] ☞ se regarder [쓰 흐갸ㅎ데] (자신을) 바라보다

glace [글라쓰] *n.f.* 거울, 아이스크림, 얼음

se lave [쓰 라ㅂ] ☞ se laver [쓰 라베] (자신을) 씻다

prend [프렁] ☞ prendre [프렁ㄷㅎ] ~을 잡다

serviette de toilette [쌔르비앨 드 뚜아렐] *n.f.* 수건

s'essuie [쌔쒸이] ☞ s'essuyer [쌔쒸이에] (자신을) 닦다

propre [프로프ㄹ] 깨끗한

revient [흐비앵] ☞ revenir [흐브니~ㄹ] 다시 오다

chambre [셩브ㄹ] *n.f.* 방

se poudre [쓰 뿌드ㄹ] ☞ se poudrer [쓰 뿌드헤] 분을 바르다

s'habille [싸비으] ☞ s'habiller [싸비에] 옷을 입다

doit [두아] ☞ devoir [드부아~ㄹ] ~해야 한다

se dépêcher [쓰 데빼셰] 서두르다

retard [흐따~ㄹ] *n.m.* 지각

⁂ Structure

1. 대명동사

대명동사란 동사 앞에 재귀인칭대명사를 동반하는 동사로, 주어 자신에 행위가 미치게 되는 동사를 말한다.

1) 형태

★ 대명동사 현재시제 활용법 예시 : Le verbe *se laver* [쓰 라베] 씻다

Je	me lave	Nous	nous lavons
Tu	te laves	Vous	vous lavez
Il Elle	se lave	Ils Elles	se lavent

★ 대명동사의 복합과거 활용법 예시

Je	me suis lavé(e)	Nous	nous sommes lavé(e)(s)
Tu	t'es lavé(e)	Vous	vous êtes lavé(e)(s)
Il	s'est lavé	Ils	se sont lavé(s)
Elle	s'est lavé(e)	Elles	se sont lavé(es)

★ 대명동사의 복합과거 : se가 직접목적어일 때는 주어의 성수에 따라 과거분사의 성수를 일치한다.

Elle se réveille.
→ Elle s'est réveillée. (se : 직접목적어)

Elle se lave les mains.
→ Elle s'est lavé les mains. (se : 간접목적어)

2) 용법

① 재귀적 대명동사 (동사의 행위가 자기자신에게 해당된다)

Je me sens mieux.

Elle se change.

Elle s'est cassé la jambe.

② 상호적 대명동사 (주어는 항상 복수이다)

On se tutoie, d'accord?

On se connaît bien.

Ils se sont aimés.

Ils se sont envoyé des lettres.

③ 수동적 대명동사 (주어는 사물이고 3인칭만 쓰인다)

La langue étrangère s'apprend mal.

Ce livre se lit beaucoup.

La porte se ferme. (진행상태)

☞ 수동태 문장 La porte est fermée. (완료상태)

④ 본질적 대명동사 (항상 대명동사 형태로만 쓰인다)

Elles se sont moquées de moi.

☞ 본질적 대명동사의 경우는 거의 대부분 직접목적보어로 취급한다.

2. 대명동사의 명령문

★ **예시 : Le verbe *se laver* [쓰 라베] 씻다**

평서문	명령문
Tu te laves	Lave-toi
Nous nous lavons	Lavons-nous
Vous vous lavez	Lavez-vous

Dépêche-toi!

Dépêchons-nous!

Dépêchez-vous!

Ne te repose pas!

Ne nous reposons pas!

Ne vous reposez pas!

Arrêtons-nous un moment!

❋ Conjugaison du verbe

1. Le verbe *s'appeler* [싸쁠레] ~라고 불리다

Je	m'appelle	Nous	nous appelons
Tu	t'appelles	Vous	vous appelez
Il Elle	s'appelle	Ils Elles	s'appellent

Je m'appelle Mina Kim.

Je ne sais pas comment il s'appelle.

Comment s'appelle ce village?

Comment vous appelez-vous?

Comment s'appelle-t-elle?

Comment s'appelle-t-il en anglais?

★ Il m'appelle par mon prénom.

Nous appelons notre chien.

2. Le verbe *devoir* [드부아-ㄹ] ~해야 한다

Je	dois	Nous	devons
Tu	dois	Vous	devez
Il Elle	doit	Ils Elles	doivent

Est-ce que je dois étudier?

Bien sûr, tu dois étudier!

Il me doit 1000 euros.

Ça doit être à la mode.

Qu'est-ce qu'on doit faire?

Les enfants doivent aller dormir.

※ Activités

1. s'habiller, se laver, se lever, se chausser, se raser, se réveiller, s'essuyer

   1) Nous ( ) avec de l'eau et du savon.
   2) Je ( ) le matin.
   3) Mes soeurs ( ) pour sortir.
   4) L'étudiant ( ) en général à six heures.
   5) On ( ) avec une serviette de toilette.
   6) Il ( ) avec son rasoir.

2. Quand se lèvent-t-ils?
   → Ils se lèvent à six heures.

   1) Avec quoi vous lavez-vous?
   2) Quand te chausses-tu?
   3) Pourquoi est-ce que votre soeurs s'habillent?
   4) Avec quoi se rase-t-il?
   5) A quelle heure est-ce que les étudiants se réveillent en général?

3. Il est une heure du matin. (se coucher)
   → Couchez-vous!

   1) Tu es en retard. (se dépêcher)
   2) Il est six heures. (se lever)
   3) Nous sommes fatigués. (se reposer)

4) Vos mains ne sont pas propres. (se laver)

5) Nous aimons se promener près du lac. (se promener)

6) Tu achètes une jupe. (s'habiller)

4. laver / se laver

→ Je (lave) mon chien.

Je (me lave) les mains.

1) sentir / se sentir

→ Ça ( ) le tabac.

Je ( ) si seul.

2) lever / se lever

→ Demain le soleil ( ) à six heures du matin.

Aujourd'hui je ( ) à six heures du matin.

3) promener / se promener

→ Le matin elle ( ) ses chiens.

Elle ( ) le dimanche.

4) marier / se marier

→ Il ( ) sa fille à l'étranger.

Ils ( ) dans trois mois.

❋ Prononciation : [ʒ]

아래와 같이 [ʒ]은 철자 〈j〉, 〈g + e/i/y〉, 〈ge + a/o/u〉에서 발음된다.

Je, **j**aune, **J**ean, **J**acques, **g**inseng, **G**eorges, **G**ilbert, rou**g**e, man**ge**ons

Je **j**oue avec **G**eorges et **G**ilbert.

Jeudi, **J**ean-**J**acques va voya**g**er.

Memo

Expression en français

단어장

자다 se coucher, 보통 généralement, 과일 fruit, 판매하다 se vendre
서두르다 se dépêcher, 시장에서 sur le marché, 통하다 s'entendre
서로 닮다 se ressembler, 정말 vraiment, 결혼하다 se marier
내년에 l'année prochaine, ~해야 한다 devoir, 복용하다 se prendre
약 médicament, ~후에 après, 식사 repas, 기분이 좋다 se sentir bien
음식을 먹다 se servir, 맘껏 à volonté, 서로 연락하자 se contacter
서두르다 se précipiter, 너무 trop

1. 나는 보통 밤 11시에 잔다.

2. 이 과일들은 시장에서 잘 팔린다.

3. 그들은 서로 잘 통한다.

4. 당신들은 서로 정말 닮았다.

5. 그들은 내년에 결혼할 것이다.

6. 이 약은 식사 후에 복용해야 한다.

7. 난 기분이 아주 좋아.

8. 맘껏 드세요.

9. 우리 계속 연락하자!

10. 너무 서두르지 마세요.

❋ Voca spécialisé : L'argent

명사 :

l'argent → Combien d'argent dépensez-vous?

un billet → J'ai deux billets de 100 euros.

une pièce → J'ai deux pièces de 2 euros.

une monnaie → Je n'ai pas de monnaie.

형용사 :

cher, chère → Ce vêtement est cher.

bon marché → Les CDs sont bon marché.

의문사 :

Combien → C'est combien? C'est 10 euros.

동사 :

coûter → Combien coûte le livre? Ça coûte 7 euros.

Les CDs coûtent 20 euros.

dépenser → Je n'aime pas dépenser mon argent.

payer → Est-ce que tu paies les pâtisseries?

화폐단위 :

euro → Mina a un billet de 50 euros et trois pièces de 1 euro.

Leçon 15

Je viens de téléphoner à mes parents.

❋ Mini-dialogue

Mina : Je viens de téléphoner à mes parents.
Mon père vient d'acheter une nouvelle voiture.
Paul : Où est la voiture?
Mina : La voilà.
Paul : Ton père est certainement très content !
Mina : Au contraire ! Il est fâché.
Paul : Pourquoi?
Mina : Parce qu'il vient d'avoir un accident !
Paul : Oh là là, ce n'est pas vrai.

❋ Vocabulaire

quinze [깽즈] 열다섯, (서수적 용법) 제15의

Je viens de téléphoner [쥬 비앵 드 텔레포네] 방금 전화했다

mes [메] 나의 (+ 복수명사)

parents [파렁] *n.m.pl.* 부모님

acheter [아슈떼] 사다

nouveau (nouvel) [누보 (누벨)], nouvelle [누벨] 새로운

voiture [부아뛰~ㄹ] *n.f.* 자동차

certainement [쌔ㄹ땐멍] 분명히

content, contente [꽁떵, 꽁떵트] 만족하는

Au contraire [오 꽁트래~ㄹ] ~반대로

faché, fachée [파쉐] 화가 난

accident [악씨덩] *n.m.* 사고

Oh là là [올 랄 라] 저런!

vrai, vraie [브래] 사실의

❋ Structure

1. 근접과거 :

〈venir의 현재시제 + de + 동사원형〉 (방금 ~했다)의 형태로 방금 전에 일어난 사실 또는 가까운 과거사실을 표현한다.

★ ***rentrer* 예시**

Je	viens de rentrer	Nous	venons de rentrer
Tu	viens de rentrer	Vous	venez de rentrer
Il Elle	vient de rentrer	Ils Elles	viennent de rentrer

★ ***se lever* 예시**

Je	viens de me laver	Nous	venons de nous laver
Tu	viens de te laver	Vous	venez de vous laver
Il Elle	vient de se laver	Ils Elles	viennent de se laver

Je viens d'arriver à Paris.

Elle vient de sortir pour téléphoner à Paul.

Te voilà! Ta mère vient de te téléphoner.
Nous venons de nous marier.
Ils viennent de se coucher.

2. 대명사 + voici / voilà

Où êtes-vous? Me voici.
Où est ton portable? Le voilà.
Où sont mes photos? Les voilà.

❋ Conjugaison du verbe

1. Le verbe *savoir* [싸부아-ㄹ] ~을 알다

Je	sais	Nous	savons
Tu	sais	Vous	savez
Il Elle	sait	Ils Elles	savent

Je sais où est Pierre?
Sais-tu à quelle heure est le rendez-vous?
Jacques sait où j'habite.

2. Le verbe *connaître* [꼬내트-ㄹ] ~을 알다

Je	connais	Nous	connaissons
Tu	connais	Vous	connaissez
Il Elle	connaît	Ils Elles	connnaissent

Je connais Emile.

Est-ce que tu connais Paul?

Nicole ne connaît pas mes parents.

On se connaît bien.

Nous ne connaissons pas Paris.

Ils connaissent un bon restaurant.

3. Le verbe *sortir* [쏘르띠-ㄹ] ~외출하다

Je	sors	Nous	sortons
Tu	sors	Vous	sortez
Il Elle	sort	Ils Elles	sortent

Le samedi, je sors avec mes amis.

Nous sortons de l'école à deux heures.

❋ Activités

1. Pourquoi sont-ils fatigués?

Paul (faire du sport) → Paul vient de faire du sport.

1) Mina (nager)

2) Jean (étudier les leçons)

3) nous (marcher dix kilomètres)

4) moi (faire la cuisine pendant 2 heures)

2. Pierre n'a pas faim. (manger du bifteck)
   → Il vient de manger du bifteck.

   1) Je n'ai pas soif. (boire de l'eau)
   2) Nicole est fatiguée. (avoir une dispute avec un ami)
   3) Mes amis ont contents. (dîner au restaurant)
   4) Ils sont fatigués. (jouer au foot)

3. Jacques / où il habite (Je)
   → Je connais Jacques.
   Je sais où il habite.

   1) Mina / avec qui elle étudie (Nous)
   2) Nicole / pourquoi elle est malade (Paul)
   3) Eric / à quelle heure il vient (Vous)
   4) ce garçon / quand il part au Japon (Mina)
   5) cette fille / avec qui elle sort (Je)

❋ Prononciation : 〈모음 + il〉, 〈모음 + ill〉 발음

* ail, aill [aj] : trav**ail**, trav**aill**er, t**aill**e, m**aill**ot
* eil, eill [ɛj] : sol**eil**, appar**eil**, or**eill**e, m**eill**eur, Mars**eill**e
Anne trav**aill**e à Mars**eill**e.
Mir**eill**e a mal à l'oeil.

Expression en français

단어장

방금 ~하다 venir de + 동사원형, 도착하다 arriver, 1분전 il y a une minute
나가다 sortir, 좋은 생각 bonne idée, 미팅날짜 date du rendez-vous
방문하다 visiter, 콩코드광장 place de la Concorde, 뱅상씨 가족 les Vincent
~알고 있다 connaître (+ 명사), savoir (+ 동사원형/절/명사)

1. 저는 방금 서울에 도착했어요.

2. 그녀는 1분전에 막 나갔어요.

3. 네 아빠가 막 전화하셨어.

4. 당신은 그를 잘 알고 있나요?

5. 너는 우리의 미팅 날짜를 아니?

6. 나는 좋은 생각이 났어.

7. 프랑스어를 할 줄 아세요?

8. 우리는 콩코드광장을 방금 구경했어.

9. 그는 뱅상씨 가족을 잘 알고 있어.

10. 이 커피에 대해 알고 있니? 아뇨, 난 그거 잘 몰라요.

❋ Voca spécialisé : La santé

• 명사 :

* le médecin → Jean va chez le médecin.
  Mon médecin s'appelle docteur Brunot.
* la fièvre → Il a de la fièvre.
* la grippe → Il a de la grippe.

• 형용사 :

* fatigué→ Quand je travaille beaucoup, je suis fatigué.
* malade → Mina est fatiguée, mais elle n'est pas malade.
* triste → Pourquoi es-tu triste?

• 동사 :

* avoir → Qu'est-ce que tu as?
* avoir l'air → Tu as l'air triste.
* avoir mal → Tu as mal?
  à la tête → J'ai mal à la tête.
  à la gorge → J'ai mal à la gorge.
  au ventre → Je n'ai pas mal au ventre.
* être bien → Tu n'es pas bien.
* aller → Ça ne va pas bien?

• 어구 :

* Pendant combien de temps
  → Pendant combien de temps vas-tu rester à la maison?
* Pendant → Pendant une semaine.

Memo

김선미

경기대학교 불어불문학과를 졸업하고 프랑스 엑스-마르세이유대학교에서 언어학 박사학위를 받았다. 현재 경기대학교 프랑스어문학과 교수로 재직중이다.

저서로는

『언어와 언어학이론』, 『거리에서 배우는 프랑스어』(공저), 『DELF A1』(공저), 『DELF B1』(공저), 『난생 처음 프랑스어 쓰기』, 『매일 프랑스어 일기쓰기』, 『매일 프랑스어 듣기(초급)』, 『주제별 프랑스어 생활작문』, 『쉽게 익히는 프랑스어 회화』, 『매일 프랑스어 회화』(공저), 『생활 프랑스어 듣기(중급)』, 『매일 즐거운 프랑스어 문법』(공저), 『매일 유용한 프랑스어 표현』(공저), 『프랑스 문화와 예술 그리고 프랑스어』(공저)가 있으며, 『토끼와 나』, 『몸의 시학』, 『거부할 수 없는 아름다움』(공역), 『그림형제 동화집』을 번역하였다.

허진

부산대학교 불어불문학과를 졸업하고, 프랑스 국립 리옹대학교에서 의미해석이론으로 프랑스어휘를 분석하여 언어학 박사학위를 취득하였다. 현재 홍익대학교, 경기대학교 초빙교수로 재직중이다.

저서로는

『매일 프랑스어 회화』(공저), 번역서로 『프랑스어학의 이해』가 있으며, 논문으로는 『프랑스 언어학에서의 의미론의 대상과 방법』, 『Comparaison entre concept et sens du signe linguistique』, 『원문과 이중번역문 간의 메타몰포즈 고찰』, 『 서양문화 속에 나타나는 용기의 의미와 위상』 등이 있다.

매일 프랑스어 입문

Initiation à la langue française

1판 1쇄 발행 _ 2014년 3월 2일
1판 4쇄 발행 _ 2020년 2월 20일

저　　자 • 김선미 · 허진
발 행 인 • 정 현 걸
발　　행 • 신 아 사
인　　쇄 • 대명프린팅
출판등록 • 1956년 1월 5일 (제9-52호)
주　　소 • 서울특별시 은평구 통일로 59길 4
전　　화 • 02)382-6411 · 팩스 02)382-6401
홈페이지 • www.shinasa.co.kr
E-MAIL • shinasa@daum.net

ISBN 978-89-8396-850-0(13760)

정가 *12,000*원